复兴号，
贴地飞翔的中国龙

王 雄 著

湖南少年儿童出版社·长沙
HUNAN JUVENILE & CHILDREN'S PUBLISHING HOUSE

图书在版编目（CIP）数据

复兴号，贴地飞翔的中国龙 / 王雄著 . -- 长沙：
湖南少年儿童出版社 , 2025. 1. -- ISBN 978-7-5562
-8040-7

Ⅰ . U238-49

中国国家版本馆 CIP 数据核字第 2024W5K157 号

复兴号，贴地飞翔的中国龙

FUXING HAO,TIEDI FEIXIANG DE ZHONGGUOLONG

出 版 人：刘星保　　　　　　总 策 划：胡隽宓

策划编辑：罗晓银　万　伦　　责任编辑：万　伦

封面设计：进　子　　　　　　插　　画：王忠良

排版制作：传城文化　　　　　质量总监：阳　梅

营销编辑：罗钢军

出版发行：湖南少年儿童出版社

地　　址：湖南省长沙市晚报大道 89 号　　邮　　编：410016

电　　话：0731-82196320

常年法律顾问：湖南崇民律师事务所　　柳成柱律师

印　　制：长沙新湘诚印刷有限公司

开　　本：710 mm × 1000 mm　1/16　　印　　张：13

版　　次：2025 年 1 月第 1 版　　　　印　　次：2025 年 1 月第 1 次印刷

书　　号：ISBN 978-7-5562-8040-7

定　　价：49.80 元

前言

　　中国的"复兴号"动车组，是当今世界运营速度最快的高速列车。人们常用"子弹头列车""陆地航班"等词组来赞美它。它矫健、优美的流线型身躯，风一样的时速，如同一条贴地飞翔的中国龙，令世人惊叹。中国铁路人坚持原始创新、集成创新和引进消化吸收再创新，攻坚克难，百折不挠，从"中华之星"，到"和谐号"，再到"复兴号"，中国高速列车一路高歌猛进，走出了一条具有中国特色的科技创新发展之路。

　　本书以大众的视角、专业的解读、流畅的语言，与您一同追忆中国高速列车的发展历程，讲述"复兴号"动车组的传奇故事，解读中国高铁背后的中国智慧与中国精神。

目录

绪言
遥远的东方有一条龙

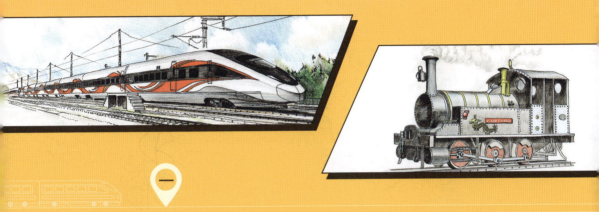

　　遥远的东方有一条龙，它的名字叫中国。

　　龙，是中国古代神话中的动物，是中华民族的象征之一，自古就有中国龙之说。在上古传说中，龙能飞行、擅变化，有着腾云驾雾、上天入海、呼风唤雨的强大本领。

　　古代的人类，不能具体考证万物生存的规律与灾害发生的缘由。在那个时候，人们无法解释大自然的许多现象，于是创造了一些神话和传说。龙不仅是一种不可思议的自然幻象，也逐渐被赋予了无限的神力，于是有关龙的神话传说流传开来。

　　长期以来，龙在中国传统文化中一直是祥瑞之物，代表着农业种植中的及时雨。人们对龙有着一种神秘崇拜。在春季民俗活动中，人们热衷于模仿龙游动的身体，欢快地"舞龙"，意在唤来雨水。

据东汉许慎在《说文解字》中记载："龙，鳞虫之长。能幽，能明，能细，能巨，能短，能长；春分而登天，秋分而潜渊。从肉，飞之形，童省声。凡龙之属皆从龙。"

有资料显示，大清公清铁路公司旗为三角"青龙黄旗"。早期的大清东省铁路公司（中东铁路公司）使用的旗帜，也采用了三角黄龙旗的元素。

由此可见，龙在中国人心中的位置。

龙也是中国人心中的图腾，几乎代表着中国人所有的美好愿景，与民族、国家乃至铁路紧密相连。人们习惯用龙的形象寓意身边的美好事物。比如，人们用巨龙形容长江、黄河，也用巨龙形容长长的钢轨和列车。大河的形态、列车的气势，正是人们心中中国龙的形象。

列车巨龙，已经成为一种文学形象和文学表达。用龙形容列车，是因为列车之长，如同龙的身躯。世界上最长的列车有 682 节车厢，总重超过 10 万吨，总长达到 7353 米，要 8 台机车同时做功，才能够拉得动这条巨"龙"。

这列车运行在澳大利亚西部的皮尔巴拉地区，名字叫必和必拓铁矿列车。从空中俯瞰，车身连绵不绝，看不到列车的头和尾，相当壮观。它已经得到吉尼斯世界纪录认证，是世界上名副其实的最长列车。

在中国，有一条西起煤都大同，东至渤海之滨，横跨桑干河大峡谷，穿越燕山山脉的"钢铁巨龙"，它的名字叫大秦铁路。

就在这条铁路上，飞驰着中国最长的列车巨龙。它长达 3971 米，由 4 台电力机车、1 节试验车和 315 节货车组成，全列车总重达到 3.15 万吨。这意味着，中国铁路实现了列车牵引重量从 2 万吨到 3 万吨的跨越，成为世界上仅有的几个掌握 3 万吨铁路重载技术的国家之一。

奔驰的列车巨龙，呈现出壮美的图景，令人叹为观止。人类工业的发展、科技的进步，拓宽了人们的视野，改变了人们的生活，更改变了世界。

遥远的东方有一条龙，人们正驾驭着它腾空飞速前行。这条龙美丽、阳光、气派，那便是中国。中国人具有龙的精神、龙的气魄。龙不仅是中华民族的象征，也是中华民族强大凝聚力的见证，更是中华民族自强不息精神的见证。

在河北省唐山市的开滦国家矿山公园博物馆蒸汽机车观光园内，停放着一台等大还原的"龙号"机车的模型，沿着轨道往西北望去，可以看到"中国铁路零公里"的标识。这里是中国铁路的起点，标识上的年份显示的是 1881 年。

1881 年秋，就在这片土地上，中国第一条自主建造的标准轨距铁路——唐胥铁路正式开通运营。也是在这一年，中国第一台蒸汽机车"龙号"机车诞生，中国铁路的第一声汽笛响彻寰宇，开启了中国轨道交通工业元年。

那是个距今不太遥远的年代，1880 年，中俄边境战事吃紧，清朝廷召见赋闲在家的老臣刘铭传商讨对策。刘铭传抵京后，立刻上奏了《筹造铁路以图自强折》：为了抵抗俄国人的侵扰，必须兴修铁路。

刘铭传呈奏后，随即向慈禧太后、光绪皇帝呈献了精致的西洋仿真火车模型。看着自动沿轨道来回奔跑的玩具火车，慈禧、光绪都颇感新奇，光绪连连称赞："好玩，好玩。"此后，这个作为贡品的模型火车，自然成了年幼的光绪爱不释手的典藏玩具。

当时，尽管北洋大臣李鸿章等人都力主修建铁路，以求富国强兵，刘铭传请造铁路的折子，仍然在朝廷内部掀起了轩然大波。洋务派与守旧派官吏纷纷上奏，各执一词，针锋相对。一些朝廷大臣以铁路"资敌、扰民、失业"为由，极力反对修建铁路。朝臣中附和者众多，慈禧遂罢修路之议。

1881 年，李鸿章专呈奏折，以海军舰船急需用煤为由，恳请批准修建唐山至胥各庄铁路，以便将唐山矿区的煤运到最近的海口装船。这次慈禧给了李鸿章面子，竟然恩准了。于是，开平矿务局在唐山和胥各庄之间用英国铁轨铺就了一条铁路。

《唐山机车车辆厂志》记载：1881 年春，由开平矿务局出资，修筑由胥各庄至唐山矿煤场的快车马路（后被人们戏称为马车铁路）。这条只有 9.7 公里的铁路，是中国人自己修筑的第一条铁路。

由于当时中国没有机车，只能用驴、马拉着煤车在铁轨行进。诚然，铁轨上拉车省力，速度也快。

　　在此之前，为方便铁路施工，开平矿务局建立起了修车厂。建厂之初，修车厂规模很小，房舍简陋，只有几十名工人，几台以手摇为动力的车床，所用的车轮及钢铁材料都是从英国购入的。

　　若干年后，曾任开平矿务局总工程师的金达在《华北的矿山及铁路》一文中回忆道："自 1880 年冬季开始，在修车厂车间，一辆经我特别设计的机车在悄悄地修建，使用的是可以弄到的废旧材料：锅炉取自一轻型卷扬机，车轮是当旧铁买进的，而车架则用槽铁所制，取自唐山煤矿一号井竖井井架。6 月 9 日（1881 年），在乔治·史蒂芬逊诞生 100 周年之日，白内特（当时的开平矿务局总矿师）夫人敲下了第一颗道钉，并将蒸汽机车命名为'中国火箭号'（Rocket of China）。这个名字依照乔治·史蒂芬逊研制的著名机车'火箭号'而命名。随后，机车投入日常运行。"

　　"中国火箭号"机车运行不久，中国工匠们希望这辆由自己打造的机车带有中国味道，于是在车头的两侧各镶嵌了一条金属刻制的龙，并给它起了个极富东方色彩的名字——"龙号"机车。

　　诗人李木马在《唐胥铁路往事》一书描绘道："'龙号'机车尽管有了中国名字，但它依然如同一个身穿黑衣、头戴黑色礼帽的外国绅士，每天在唐胥铁路上穿梭，以陌生的形象进入人们的视野。"

"龙号"机车是中国第一台蒸汽机车。

据北京铁路局《机车博览》记载，"龙号"机车由十字头、主连杆和曲柄销来驱动动轮，它已具备现代蒸汽机车的结构，是我国蒸汽

"龙号"机车

我是中国第一台蒸汽机车。我在1881年的夏天出生。后来，有人在我的车头两侧各镶嵌了一条金属刻制的龙，因此大家叫我"龙号"机车。我的身长约5.7米，结构简单，只有3对动轮而无导轮和从轮。我最大的特点就是有一个高耸的烟囱，据说我这个造型在当时可以与外国先进的机车相媲美呢。

机车的始祖。

"龙号"机车长约 5.7 米，只有 3 对动轮，没有导轮和从轮，牵引能力达 100 多吨，最初它的时速只有 5 公里，后来经过改造，时速达到了 32 公里。

"龙号"机车发出的第一声轰鸣，划破了中华大地几千年的沉寂，宣告着一个新历史的诞生。力大无比的"龙号"机车拉着煤车，将堆积如山的煤炭运出深山。"龙号"机车行驶时，浓烟滚滚，地动山摇。这一消息很快传到了北京，朝中很多官员对机车不满，要求取缔它，理由是"机车直驶，震动东陵，且喷出黑烟，有伤禾稼"。于是朝廷勒令禁驶机车，人们只得再次改驴、马拉着煤车在铁道上滑行。

在电影《让子弹飞》里可以看到，影片的开头和结尾均出现了这样一个镜头：一列火车疾驰而来，前面牵引车厢的是几匹奔腾的烈马。这让观众们感到匪夷所思，以为是导演制造的幽默效果。其实，这正是取材于早期唐胥铁路的荒唐故事。质疑与保守、忧虑与荒唐，这便是最初国人对火车认知的辛酸记忆。

到了 1882 年，开平煤矿的煤产量猛增，用驴、马拉车运力低下，大量的煤炭运不出去。后来李鸿章再次以北洋海军急需燃料煤为由上奏朝廷，与此同时开平矿务局暗中进行多次疏通周旋，于是朝廷不得不放松禁令。

几个月后，"龙号"机车重新上路。由于此前英国工程师金达对"龙号"机车进行了改造，"龙号"机车时速提高到 32 公里，解决了运力不足的问题后，开平的煤炭大量进入天津等城市的煤炭市场，好烧又便宜的开平煤炭取代了占据天津市场的日本洋煤。

"龙号"机车拉响了中国近代工业的第一声汽笛。

"龙号"机车在中国的铁轨上行驶了 30 多年后，于 1916 年退役，后收藏于北京府右街交通陈列馆。据考证，退役后"龙号"机车还可以生火行驶。1937 年 7 月 7 日，抗日战争爆发，日本大举侵占北京，交通陈列馆被迫迁移到和平门内一条胡同里。可惜的是，这台在中国铁路史上有着极其重要意义的"龙号"机车在这次事件后竟然离奇地失踪了，至今下落不明，令人扼腕叹息。

1930 年 4 月 24 日，时任京奉铁路和北宁铁路工务处长兼总工程师的英国人李治，在唐山工学院作报告时称："唐胥铁路于 1881 年 6 月 9 日开始铺轨，并使用已制成的'龙号'机车。"这份报告是考证"龙号"机车存在的重要文献资料。

2013 年 2 月，时任开滦博物馆研究员、中国煤炭史志委员会委员的杨磊先生，在一些新发现的历史老照片中找到了佐证"龙号"机车存在的一些线索。其中一张"龙号"机车生产车间的外景照片，证实了"龙号"机车的建造地应该就在唐山矿区。照片中还能看到唐山煤矿一号井附近的两个机械车间，车间外摆放着 4 对车轮和 1 个方形车厢，车间南面是锅炉房的方形大烟囱和矿井井架。这些老照片共有40余张，皆拍摄于1880年至1882年间，由英籍工程师金达和对中国铁路颇有研究的原香港飞机工程公司经理彼特·科睿思提供。

彼特曾告诉杨磊先生，从1861年开始，其祖上就在英国从事铁路工作，自己与金达颇有渊源，并获得了金达后人的信任，搜集了很多关于金达及中国铁路的资料。

热心研究中国铁路史的英国人彼得·克拉什曾提供一张金达与"中国火箭号"机车合影的照片。通过比较，可以看出这张照片上的"中国火箭号"机车与中国保存的那张照片上的"中国火箭号"机车有明显的不同之处：机车的烟囱一个细而高，一个粗而矮；机车两侧水柜前，一个有鞋形块，一个没有；司机室外侧，一个是"NO.1"的标记，一个是圆形标记……由于年代的久远，资料的匮乏，"龙号"机车的来龙去脉依然扑朔迷离，一时难以真相大白。

多少年来，社会上对"龙号"机车的制造与消失有着多种声音，其中不乏质疑之声。比如，有人质疑其并非在唐山矿区制造；有人怀疑它不是中国人制造的，而是从外国引进的。至于"龙号"机车去向的说法，更是众说纷纭。

有人认为，是日本人故意损毁中国带有龙标的物品，妄图在侵华战争中销毁中国传统文化的产物。还有人猜测，是日本军队用"龙号"机车造了军火。类似以上的这些论断都和抗日战争爆发有关，但都缺乏有力的证据。这台"龙号"机车到底到哪里去了？又是何人将它弄走的？这些至今仍然是谜。许多仁人志士一直在寻找"龙号"机车，可毫无结果。

2017年，在"龙号"机车失踪80年后，开滦集团组织科技人员和老工匠进行课题攻关，凭借关于"龙号"机车的老照片和搜集到的零散资料，利用3D立体设计、平面设计软件，反推出机车结构、零部件的具体位置及全部尺寸，完成了"龙号"机车4000多个零部件、1000多幅复原设计图纸的制图工作。按照原尺寸、原机理、原工艺，再现了"龙号"机车的真容。让世人得以在中国铁路源头、"龙号"机车的诞生地唐山，重见中国工业发轫时的艰辛与荣耀，领略中国产业工人的伟大创造力与工匠精神。

在北京东郊，中国铁路博物馆与国家高速铁路试验基地相邻。一边的博物馆展示着已成为古董的旧机车，一边的铁路试验基地正在试验国产"复兴号"高速列车系列产品以及为世界各国研制的各类铁路机车产品。

在旧中国破旧的铁路线上，曾经行驶着4000多台蒸汽机车，近200种机车型号，它们分别出自9个国家，或从国外进口，或外国人在中国仿制，因此中国曾被称为"万国机车博物馆"。

1952 年 7 月 26 日，新中国第一台仿制蒸汽机车在四方机车车辆厂完成组装并试运行。这台蒸汽机车被命名为解放型"八一号"。机车重 92.07 吨，车长 22.6 米，最大运行时速为 80 公里。

紧接着，国产"人民型""建设型""前进型"蒸汽机车问世。广大科技人员不断改进国产机车性能，"人民型"蒸汽机车的最大运行时速达到 110 公里，改进后的"前进型"蒸汽机车达到当时世界蒸汽机车的先进水平。

1956 年以后，我国开始进行内燃机车和电力机车的研制工作，逐步与世界先进水平接轨。1958 年，国产"巨龙型"内燃机车试制成功。次年，"卫星型"客运内燃机车下线，最高运行时速达到 140 公里。1959 年，这两种机车一同在北京展览馆展出，郭沫若先生兴奋地题诗祝贺："电掣风驰今在眼，巨龙追逐卫星奔。韶山初见星星火，此日已经燎大原。"

此后，"巨龙型"与"卫星型"内燃机车经过多次技术改进，分别改名为"东风型"与"东方红型"，并大规模投入生产，成为我国铁路的主型机车。

1969 年，"韶山 1 型"电力机车（SS1）投入使用，这是我国铁路使用的第一代国产干线客、货两用电力机车，以毛泽东主席的故乡韶山命名。"韶山 8 型"电力机车（SS8）性能更好、速度更快，最大时速能够达到 240 公里，曾创下了"中国铁路第一速"。

2008 年 7 月 2 日上午，由中国北车集团大连机车车辆公司与美国

"ND型"003号内燃机车 ···

我是"ND型"003号内燃机车，出生于1963年12月，采用了一台10L207E型柴油机。我名字中的"N""D"是为了告诉大家：我属于"内燃机车"，采用了"电力传动"，在我之前诞生过两台"巨龙型"试验内燃机车（巨龙0001号，巨龙0002号）。1966年8月以后，人们更习惯称我们这类机车为"东风型"内燃机车。再后来，为改善乘务员瞭望环境，我们这类机车的前窗由早期的两扇改为了三扇。

"韶山1型"电力机车 ···

我是"韶山1型"电力机车（车型代号SS1），设计最高时速90公里，是中国自行研发制造的第一代电力机车。1958年，人们把我定为"6Y1型"，1968年，经铁道部军管会商定，才把我定为"韶山1型"。"韶山1型"008号电力机车是第一台定型的"韶山1型"电力机车。它第一次亮相是在1969年中国第一条电气化铁路的开通仪式上。

"东方红3型"内燃机车 ···

我是"东方红3型"内燃机车，身长达到了17.97米，最高运行时速可达120公里，"东方红型"系列内燃机车家族一共有八个兄弟姐妹，我排行老三。我与大家正式见面是在1976年的年初。二十世纪八九十年代，作为工匠们精心打造的第二代液力传动干线客运机车，我曾经是中国东北地区铁路干线客运的主力机车。截至1988年，我这款车型就停产了。

"和谐3型"内燃机车

我是"和谐3型"内燃机车（车型代号HXN3），享有"国内最大功率的货运内燃机车"的美誉。我可以适应高原地区特殊的地理环境特点，最高时速可达120公里。速度快的同时，我还可以装载差不多5000吨的货物呢。我检修一次后可以运行很久，而且属于低油耗、低排放的机型。鉴于我这些特点，我成功获得出国"旅行"的机会，于2023年7月首次抵达中老铁路老挝段。

EMD内燃机车公司联合设计制造的首台"和谐3型"内燃机车在大连正式下线，它采用大功率交流传动技术。

由蒸汽机车、内燃机车、电力机车提供动力，牵引着长长的绿色"长龙"穿行在神州大地，这样的场景印刻在那个时代人们的旅行记忆中。绿皮车载着人们驶向千里之外的城市，驶过长长的白昼与夜晚，与其将它看作是这段旅途的辅助工具，倒不如说它是为奔劳的人们提供着一段移动中的"慢生活"。

改革开放中的中国铁路，仿佛一夜间按下了加速键，从 1997 年至 2007 年，我国铁路相继完成了 6 次大提速，既有线上部分区段的列车运行时速达到了 250 公里。2008 年 8 月 1 日，时速 350 公里的京津城际铁路开通运营，"和谐号"载着中国进入"高铁时代"。

六

2021 年 7 月 26 日，《人民日报》刊发长篇通讯《复兴号飞驰在雪域高原》。文章开篇写道："在西藏灿烂的阳光下，绿色的复兴号动车组列车飞驰而过，远远看去像一条绿色长龙，穿越崇山峻岭。"

如今的"复兴号"系列列车，如同长龙舞动，奔驰在祖国广袤的大地上。不仅有绿色长龙，还有黄、红、蓝等多种颜色的长龙，真可谓是丰富多彩，目不暇接。一抹亮丽的"中国红"，为"红飞龙"；一条金黄的丝带，为"金凤凰"；一身冰雪蓝加白飘带，为"瑞雪迎春"……

"红飞龙"外观造型的灵感来源于中华民族图腾"龙"的意象。环绕车头的"中国红"色带，形状演变自"龙髯"，飘逸传神。车头层次丰富的棱线向前端开闭机构汇聚，犹如"弯弓"蓄势待发，速度感呼之欲出。

流畅的线条、科学的比例、生动的曲面、动感的色带，融合了科技、美学与人文，象征着通达天下的"龙马精神"，并展示出中国文化的

👤 "CR200J-C型"动力集中型动车组 ···

　　我是"CR200J-C型"动力集中型动车组，2023年在新疆首次亮相。我所在的"复兴号"家族可是具备了中国完全自主知识产权，"C"表示我是这个家族中第三代的成员。比起第一代"A"车型，我的车体加宽了约30厘米，有更多的便民设施，更完备的功能，能带给乘客更加宽敞舒适的体验哦。我的车身外观采用流线型设计，颜色也焕然一新，以"中国白""中国红"和"国槐绿"为主色调，是不是很好看呢？我除了有赏心悦目的外表，还是时速160公里的运动健将！

深厚底蕴与独特的审美价值。设计者将"红飞龙"雕刻成一张富有中国气派、高颜值的"中国面孔"。

　　科技元素十足的"复兴号"智能动车组外观采用了中国传统文化中的龙凤元素，以"龙凤呈祥"为主题，有着祖国腾飞、人民幸福的寓意，蕴含着"智慧之光"，彰显着"科技之美"。

"复兴号"智能动车组

　　我是生于2021年的"复兴号"智能动车组成员，智能是我的一大亮点。你们一般会在"复兴号"智能动车组上找到"CR400AF"或"CR400BF"的字样。另外，不知道是谁赋予了"CR400AF"和"CR400BF"系列极富诗意的名号，分别是"瑞龙智行"和"龙凤呈祥"。我的智能家族分别有8辆标准编组、16辆长编组和17辆超长编组。2024年6月，为了优化智能动车组的性能，专家还对我家族内的部分车型进行了技术升级。

用中国龙形容"复兴号"的神态和气势、贴切、准确、生动，而且现实意义重大。

"今日之世界，非铁道无以立国。"百余年前描绘的梦想，已真切地照进现实。百年一瞬。从唐胥铁路的9.7公里，发展到今日全国铁路营业里程超过16万公里（其中高铁里程超过4.6万公里）；从"龙号"机车，到"和谐号"，再到"复兴号"，高铁让人与人之间、城市与城市之间的距离越来越小，高铁正在改变中国、改变世界。

时至今日，我国高速、高原、高寒、重载铁路技术均达到世界领先水平。高速列车已经实现自主化、标准化和系列化，我国完成了由中国制造到中国创造的跨越，"复兴号"已经形成涵盖时速160公里至350公里速度等级的系列化动车组，中国轨道交通领跑世界。

2019年9月，世界银行发布的《中国高铁发展报告》评价说："中国已拥有世界先进的高铁集成、施工、装备制造和运营管理技术，实现了从追赶者到领跑者的角色转换。"

"复兴号奔驰在祖国广袤的大地上。"习近平主席在2018年新年贺词中的诗意表达，被中国铁路人视为对中国高速铁路成就的充分肯定，极大地鼓舞着广大铁路人奋勇争先的激情和斗志。

"仰天长啸待时日，巨龙腾飞平地起。"中国就是一条腾飞的巨龙，中国高铁经历了从落后到并跑再到领跑的飞速发展，见证了中华民族从站起来到富起来再到强起来的伟大实践。

"复兴号"——贴地飞翔的中国龙，奔驰在祖国广袤的大地上，承载着实现中华民族伟大复兴的中国梦，承载着人民群众对美好生活的向往，风驰电掣，高歌猛进。

第一章
高速列车万花筒

交通工具的进步，让人类"行走"的速度不断加快。

汽车替代了马车，电力机车替代了蒸汽机车，喷气式飞机替代了螺旋桨飞机。每一次新老交通工具交替的背后，都意味着一次里程碑式的跨越，极大地促进了人类文明的前行。这就是交通革命。

20世纪后半叶，高速铁路迅猛发展，让世界变了样。1964年10月1日，在东京奥运会开幕前夕，日本开通了全世界范围内的第一条高铁，"光号"动车组成为当时世界上行驶最平稳、速度最快的列车。由此，日本成为世界上第一个建成实用高铁的国家。

紧接着，法国的 TGV 东南线、TGV 大西洋线，意大利的罗马至佛罗伦萨线以及德国的汉诺威至维尔茨堡高速新线等相继问世。法国 TGV、日本 0 系、德国 ICE 等系列高速列车不断刷新速度纪录，引领着世界高速列车技术不断提升。

漂亮的流线型车头，风驰电掣般的速度，充满现代感与美感的矫健身躯，宽敞、明净、雅致的车厢……这些，都是人们对高速列车的真实感受。

进入 21 世纪以来，中国高铁异军突起，以雷霆万钧之势，快速发展。现在世界上三分之二的高铁线路铺设在中国大地上，"复兴号"高速列车运营速度最快，跑在了世界的前列。

由此，日法德感受到了来自中国的压力，近年来分别推出了新一代高速列车，包括 JR 东日本铁路 ALFA-X、法国 TGV M 高速列车，以及德国西门子 Velaro Novo。当今世界高速列车万花筒，展现出百花争艳的繁荣景象。

日本新干线列车

1964 年 10 月 1 日，日本东海道新干线东京站热闹非凡。

就在流线型动车组启动的那一瞬间，世界上第一列高速列车诞生了。飞驰的"光号"动车组像一道白色的闪电，行驶在东京至大阪段

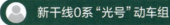

新干线0系"光号"动车组

我是新干线0系"光号"动车组，我出生于1964年。我不仅是日本新干线系列的老大哥，还是世界上第一种投入商用的高速旅客列车。我的身体由碳钢制成，重达64吨，最高运营时速为220公里。我的流线型外观设计充满创新，看看我的头部和飞机头部是不是有那么一点类似呢。我为日本新干线服务了44年后，于2008年12月正式退役。

的铁路线上。

象牙白的车体，深邃的蓝色线条，是日本新干线0系"光号"动车组的标准色谱，清爽明快，给人留下深刻印象。列车运行时速210公里，从东京至大阪的通行时间，由过去的6小时30分左右缩至3小时内。

这条专门用于客运的电气化、标准轨距的双线铁路，代表了当时世界铁路的最高技术水平，标志着世界高铁由试验阶段跨入了商业运营阶段。很快，日本建成了遍布全国的新干线网的主体结构，在技术、商业、财政以及政治上都取得了巨大的成功。日本从在铁路技术领域表现平平的东方国家，一跃成为全球铁路闪亮的新星。

1978年，邓小平第一次访问日本，乘坐"光号"动车组时，他感慨地说："就感觉到快，有催人跑的意思，我们现在正合适坐这样的车。"

早在第二次世界大战爆发前，日本就已经建立起覆盖全国的国营铁路干线网，俗称"本线"。战争结束后，随着日本经济的复苏，东京与大阪两大城市之间的人员往来日渐增多，作为日本东西大动脉的东海道"本线"不堪重负，急需新线路替它分担压力。1959年4月20日，新线工程在新丹那隧道热海出口举行开工仪式，经过5年多的努力，日本建成东海道高速铁路。为了与既有铁路的名称区别开来，日本将这条高速铁路线命名为"新干线"。

日本新干线技术成熟、运行稳定、安全性较高。由于拥有舒适的车内环境、周到的服务，并且缩短了旅客的出行时间，新干线动车组吸引了大批通勤、通学以及商务客流。

早期的日本新干线0系"光号"动车组，车头外形为时尚的流线型设计，舒展、大气、美观并且抗阻效果好，它还采用了与飞机驾驶舱类似的驾驶室，曾在高速测试中创下时速256公里的优异成绩。

紧接着，日本100系、200系、400系动车组列车，也都采用了这种流线型车头外形，使日本高速列车的运行速度不断提升。日本400

系动车组设计最高时速达到 345 公里，它以前所未有的飞驶速度，成为日本一道亮丽的风景。

流线型动车组速度快、形象美，尽管它仍有不少缺点，但人们出于好奇和狂热，能欣然接受它的那些不足。然而，时间一长，居民们受不住了，他们向铁道公司提出强烈抗议。原来新干线会穿过大片的居民区，流线型动车组高速穿行过程中形成的气流与密集高楼剧烈摩擦会产生特别大的噪声。再就是穿越隧道或离开隧道时，声波会被压缩产生音爆，十分刺耳。经专家分析，运行中的流线型车头，会"推挤"前方的空气而非"切穿"空气。也就是说，流线型动车组的缺点是会带来巨大的噪声。

这可愁坏了高铁设计师。日本铁道公司技术团队组织攻关，决定设计更安静、更快速、更舒适的列车。技术团队中有个叫中津英治的工程师，他同时是一名鸟类爱好者，他发现生活在河流、湖泊附近树枝上的翠鸟，经常俯冲入水捕鱼，它的喙像刀子一样，瞬间"划开"空气，从水面穿过时几乎不产生一点涟漪。他分析这一现象后认为，翠鸟的卓越表现，是因为它拥有一个长长的喙，其截面直径是逐渐增加的，类似子弹头，但比子弹头舒展、修长。

中津英治根据翠鸟喙的特点，设计了一种长长的尖嘴形新干线车头，即新干线 500 系电力动车组。

新干线 500 系电力动车组根据仿生学模拟了翠鸟的喙，车头有 15 米长，具有独特的外形。从外表看去，头车的驾驶台与宇宙飞船的密

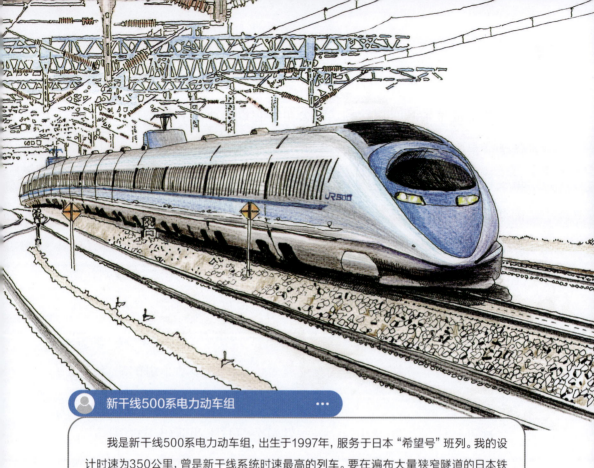

新干线500系电力动车组

　　我是新干线500系电力动车组，出生于1997年，服务于日本"希望号"班列。我的设计时速为350公里，曾是新干线系统时速最高的列车。要在遍布大量狭窄隧道的日本铁路上像我一样做到摇晃少、噪声小可不是件容易的事情。由于铁路线地形复杂，为保证运行的安全，我的实际运行时速仅为270公里。我的车体采用了独有的圆筒形设计，并以轻质的铝合金为主要构成材料。

封舱有些相似。车顶呈浅蓝色，在车窗的下方涂有蓝色的线条。

　　1997年3月22日，首列新干线500系电力动车组在西日本旅客铁道公司（JR西日本）的新干线上投入使用，成为东海道直通山阳的新干线"希望号"班列的一员。新干线500系电力动车组很快成为新干线列车中的佼佼者，它是名副其实的"飞毛腿"，既兼顾了抗阻，又兼顾了降噪。试验证明，它的车速比原有的设计提升了10%，电力消耗反而降低了 15%，且在噪声问题方面得到明显改善，被日本民众公认为"最漂亮的高速列车"。这是继新干线 0 系"光号"动车组之后最受铁道迷喜爱的新干线车型。新干线 500 系电力动车组先后荣获通商产业省最佳产品设计奖、铁道友之会颁发的第 41 届蓝丝带奖。

日本东北新干线主力车型 E5 系高速列车，其车头设计也利用了仿生学原理。E5 系高速列车模仿隼的特点，使用了一种短嘴扁宽的车头，这种车头也就是后来的鸭嘴形车头的雏形。

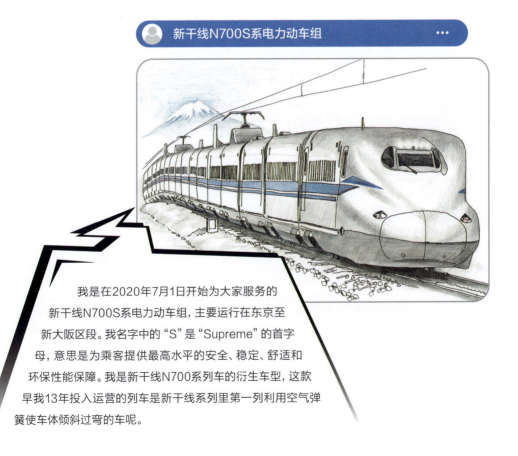

新干线N700S系电力动车组   ···

我是在2020年7月1日开始为大家服务的新干线N700S系电力动车组，主要运行在东京至新大阪区段。我名字中的"S"是"Supreme"的首字母，意思是为乘客提供最高水平的安全、稳定、舒适和环保性能保障。我是新干线N700系列车的衍生车型，这款早我13年投入运营的列车是新干线系列里第一列利用空气弹簧使车体倾斜过弯的车呢。

　　新干线动车组的设计灵感不仅仅源自翠鸟、隼，还包括猫头鹰、企鹅等动物。动车组顶部连接到上方供电线的受电弓装置，其弯曲和锯齿状设计，就是猫头鹰的羽毛给设计师带来的灵感。

　　由于新干线 500 系电力动车组的外观设计导致车内可利用的空间相对较少，能耗和噪声问题未得到较大改善，因而它后来被同样快速却抗噪好的"长鼻车头"新干线 N700 系列车所取代。2010 年 2 月 28 日，新干线 500 系电力动车组"希望号"最后一次在东京开出，大批日本居民前来与之告别。

橘红色的法国 TGV 高速列车

　　1981 年 9 月 27 日，法国开通了欧洲第一条高速铁路（TGV 东南线），流线型的 TGV 高速列车往返于巴黎和里昂，明亮的橘红色成为一道流动的风景。列车运营时速达到了 270 公里，成为当时世界上最快的商用高速列车以及法国高新技术的象征之一。巴黎、里昂间的通行时间由 3 小时 50 分钟左右缩至 2 小时内。

　　TGV 东南线的成功运营，再次证明高速铁路是一种具有强大竞争力的现代交通工具。此后不过几个月，TGV 东南线就"打败"了法国航空，拥有巴黎至里昂这条线路上最大的客源。法国第一条高铁问世后，仅用 10 年时间就抵偿了营建成本。

橘红色的法国TGV高速列车   ···

　　我是法国铁路历史上第一列高速列车，服务于欧洲第一条商业运行的高速铁路系统——TGV系统。当这条连接巴黎与里昂的TGV系统正式开放的时候，我才算与公众首次见面。你们也可以叫我"帕特里克"号，作为法国的第一代TGV高速列车，我在速度方面的实力是毋庸置疑的，1981年2月我就创下了时速380公里的世界纪录，但为了保证行驶安全，我平时会将运行时速控制在270公里左右。

　　1976 年 10 月，法国动工修建了巴黎至里昂的 TGV 东南线。该线包括联络线在内全长 417 公里，南段 275 公里于 1981 年 9 月投入运营，北段 115 公里于 1983 年 9 月投入运营。由于 TGV 高速列车可以共用高速铁路和普通铁路，尽管法国高铁线路只有 2700 多公里，但 TGV 高速铁路的运输范围已有近 6000 公里，覆盖了法国大部分国土。

TGV 高速列车给人最深刻的印象是速度快，它是世界上最先实现时速 300 公里高速运营的列车，也曾是世界列车试验速度纪录的创造者。它不仅能穿行在法国巴黎邻近及邻国的城市，甚至开到了比利时、德国、瑞士等国。法国 TGV 高速铁路不断地发展和提速，一次又一次书写轮轨铁路的新篇章。

法国 TGV 高速铁路网络四通八达，搭乘 TGV 高速列车，您可以轻松畅游法国境内的 230 多座城市，欣赏、品味浪漫的法国风情。一路远行，窗外风景如画，有古老的村落、梦幻的薰衣草庄园，还有沐浴着金色阳光的蔚蓝色海岸线。

TGV 高速列车由法国阿尔斯通公司制造，法国国营铁路公司（SNCF）负责营运。法国阿尔斯通公司是世界著名的高速列车轨道车辆制造商，也是西门子公司在欧洲最大的竞争对手。

法国 TGV 高速列车长期占据轮轨列车运行速度最快的位置，只在 20 世纪 80 年代末短暂被德国高速列车赶超。

1990 年，TGV 高速列车试验时速达到了 515.3 公里。该纪录一直保持了 17 年，直到 2007 年 4 月 3 日，才被法国人自己改写。这天，法国阿尔斯通公司制造的 TGV "V150" 高速列车，在巴黎东南部的一段经特殊加固的铁路线上进行超高速试车，当时它的时速达到了 574.8 公里，创下轮轨列车速度的新纪录。

TGV 高速列车的最大优势在于它在传统轮轨领域有着领先的技术，因此一直占据轮轨列车运行速度最快的位置。由此，TGV 高速列车打破了世界高铁的格局，使法国成为继日本之后的又一个世界高铁技术强国。

TGV 高速列车多项标准一度成为欧洲高铁技术的基础。1996 年，欧盟各国的国有铁路公司经联合协商后，确定采用法国技术作为全欧高速火车的技术标准。几十年来，TGV 高速列车的轮轨技术，出口到韩国、西班牙、澳大利亚、摩洛哥、意大利、西班牙、中国等国。

2008 年 2 月 5 日，法国阿尔斯通公司又推出一款新型 AGV 高速列车样车。这是法国的第四代高速列车，也是法国打造的超快高速列车，最高时速达到 360 公里。

AGV 高速列车的外形与大众熟悉的 TGV 高速列车形象完全不同，那如雕塑艺术品般的车头形状让人过目不忘，既显得阳刚，又充满了时尚感，配色和谐且科幻。

AGV 作为替代 TGV 的新一代高速列车，采用动力分散驱动。长期以来，动力分散与动力集中是高速列车的两种动力技术制式。日本一般采用动力分散式，即动车组由多个动车和拖车组成。欧洲多采用动力集中式，即动力在车头，车厢没有动力。

AGV 高速列车首次使用永久磁铁发动机，其发电所需的磁场由永磁体提供，而此前的发动机都是通过电气化铜线圈来产生磁场。这个设计有效地减少了能量消耗，较小的发动机可以放置在每个车厢底部，腾出两个头车里的空间。这意味着每列 AGV 高速列车的载客量比 TGV 高速列车提高了 20%，且能量消耗减少了 30%。结构轻量化设计和模块化设计，让 AGV 高速列车与同类型列车相比，降低了 15% 的能量消耗。

2021 年 9 月 17 日，法国庆祝 TGV 高速列车运行 40 周年，新一代高速列车 TGV M 的火车头模型在巴黎的一座火车站亮相。法国总统埃

法国制造的AGV高速列车

我是法国研发的第四代高速列车，最高试验时速可达360公里。我与TGV高速列车最大的不同是采用动力分散驱动，这比采用动力集中式的TGV高速列车拥有更强劲的动力。我的目标是取代TGV高速列车，成为法国高速铁路的下一代车型。我的原型样车在2008年亮相后，被意大利铁路运营商新旅客交通公司（NTV）看中，以至我现在成了意大利的商用列车。我于2012年在意大利被正式启动，人们习惯叫我"AGV Italo"。

马纽埃尔·马克龙出席庆祝仪式。他站在等比例火车头模型前激情四射地说，法国将继续大力发展高速列车和高铁网络，让更多小城市居民也能享受高铁带来的便利。

据法新社报道称，TGV M 高速列车最高运营时速为 320 公里，预计最大载客量为 740 人，比 TGV 高速列车多 140 人，且耗电量比它节省了 20%，其碳排放比现有车型减少了 32%。

德国 ICE 高铁列车

德国高铁系统简称为 ICE，即城际快车。对于公众来说，ICE 高铁列车曾一度是舒适、高速的代名词，同时它也是德国最著名的品牌之一。不把自己的列车称为高速列车，也反映了新时代德国人严谨和谦逊的一面。

德国的高铁列车起步较早，1903 年 7 月 8 日，德国首先运行了由钢轨供电的动车组。这是一列由动力车厢与无动力车厢混编的列车，列车由一个司机全面操控。

虽然德国高速铁路起步比法国晚了 10 年，比日本晚了 27 年，但它依然在世界高速铁路领域取得了不可替代的地位。

1971 年 9 月 21 日，西德铁路开行最高时速为 200 公里的城际列车，这成为德国真正向现代铁路高速运输发展的第一步。1988 年，ICE-V 试验型城际列车特快电力动车组在富尔达至纽伦堡之间的线路上跑出了 406.9 公里的时速，创造了当时轮轨轨道车辆新的世界纪录。1991 年，德国正式开通了 ICE 高速铁路线。

ICE 高速铁路连接德国各个主要城市，如科隆、汉诺威、柏林、慕尼黑和斯图加特等，每日车次频繁。德国拥有多条商业运营时速 300 公里的高速铁路线，如 2002 年通车的法兰克福—科隆客运专线和 2017 年底完全开通的慕尼黑—柏林客运专线。同时，德国开通了多条"欧洲跨境高速铁路线"，从德国乘坐国际列车，可前往英国、丹麦、荷兰、比利时、法国、瑞士、奥地利等国。

德国 ICE 高铁列车由德国铁路股份公司（DB）运营，是欧洲较为舒适的高速列车之一。它以 21 个 1 级火车站为枢纽（例如柏林站、斯图加特站、纽伦堡站等），服务于德国的 180 个火车站，将国内 130 多个大小城市连为一体。

德国 ICE 高铁列车采用自动驾驶系统，时速在 200~300 公里之间。它采用的自动驾驶技术能够更有效地控制列车的行驶路线和速度，大大提高了列车行进的效率和安全性。转弯时，列车采用倾摆技术维持高速。在列车司机驾驶室后面设有一个观景窗，司机可在列车每次转弯时将列车的动作尽收眼底，并体验高速倾摆的快感。与其他国家高速铁路最大的不同点是，ICE 高速铁路线的绝大多数站间距在 70~75 公里，这个站间距明显小于其他国家高速铁路线的站间距，因此造成了该线路上列车整体运行速度不快的问题。

德国 ICE 高铁列车为流线型外形，车头呈斜面。新型的 ICE-3 型高铁列车车头形状与 ICE-1 型、ICE-2 型不同，显得更加细长，流线型线条也更见柔和。这种优化设计基于空气动力学原理，充分减小了列车运行阻力。

实际上，ICE 高铁列车的各款型号主要是在 20 世纪 90 年代出现，由以西门子公司为首的制造商联盟进行开发。ICE 高铁列车是德国的形象工程，它的开行如同当时统一后的德国，有着光明的前途。

ICE-1 型高铁列车（BR401）是德国第一代高铁列车。1991 年 6 月 2 日，德国首列 ICE 高铁列车在汉诺威到维尔茨堡的路线上运行，最高运行时速为 280 公里。

1997 年，德国第二代高铁列车 ICE-2 型高铁列车登场，时速仍然保持在 280 公里。ICE-2 型的基本结构与 ICE-1 型几乎完全一样，最大的不同点是每一列的长度只有 ICE-1 型的一半。ICE-2 型的优势是它在专用的高铁铁轨上可以两列编组运行，当它在旧的、承载力较弱的既有铁轨上则可以分组运行。

VELARO 是德国高铁最新、最全面的先进技术研制和开发技术平台。这个平台诞生的第一种车型就是 ICE-3 型，也是德国第三代高铁列车，它于 2000 年投入运营。ICE-3 型高铁列车采用动力分散式，设计时速 320 公里，支持重联运行。车体整体结构采用铝质构造，大扇

👤 **德国ICE-3型高铁列车** ･･･

　　我是德国ICE-3型高铁列车，2000年，我开始了载客生涯。作为德国第三代高铁列车，我能给乘客提供高速、舒适的乘坐体验，我的最高设计时速为320公里，我的身体可以容纳数百名乘客。令我最感自豪的是我连接着德国的诸多重要城市。

　　面的瞭望窗玻璃，让乘客能获得列车两边清晰的观景视野。驾驶室与客舱以玻璃幕墙相隔，坐在客舱内的乘客可以越过高铁司机，眺望列车前方的景观。

　　目前，ICE-3型高铁列车是德国高速铁路网的主力列车，它是德国唯一可以应付科隆—莱茵/美因路段中最高达40‰坡度的高铁列车，因此它几乎承担了该路段所有的客运班次。

注重环保节能是 ICE 高铁列车的一大特点，德国铁路公司的数据显示，德国 ICE-3 型高铁列车的节能性比汽车和飞机的更好，在载客率为 50% 的情况下，每人每百公里折合油耗还不到 2 升。

2002 年，德国为西班牙研制的 VELARO E 型高铁列车，是 VELARO 这个平台的第一种出口车型，车体中间有紫色腰线，内饰更多了一番西班牙人的浪漫。而后德国又为土耳其研制了 VELARO TR 型高铁列车，车身涂有天蓝色腰线。

2017 年 12 月，正式投入运营的 ICE-4 型高铁列车，是德国第四代高铁列车，由西门子公司研制，集成了各类驱动技术，自带动力，每一节动车都自成一体，可灵活地连挂成列，最高运行时速可达 280 公里。采用这种新的驱动系统，可避免因某一节动车的突发故障导致整列车停止的情况发生。如果某一节动车在列车行驶途中发生故障，虽然列车速度略有下降，但列车依然能在其他动车的驱动下继续驶往目的地。根据测算，ICE-4 型高铁列车比此前的其他 ICE 高铁列车的平均能耗减少20%。

ICE-4 型高铁列车打破了许多"陈规"，全新的设计概念为长途旅客带来不一样的体验，如车窗更大、屏幕更多、座椅更加舒服。乘客区设施都可随意调整，铁路工作人员能快捷简单地更改不同的车厢布局，从而满足不同线路的需求。超大的全景车窗，不仅让车厢更加亮堂，也让旅客欣赏沿途美景变得更加轻松。

2022 年 12 月 5 日，新型 ICE-3 neo 高铁列车在法兰克福和科隆之间进行了首次载客运行，最高运营时速为 300 公里。其设计特点是，列车上设置有容纳自行车的空间，是首款时速 300 公里能便携运输自行车的高速列车。列车上配备了一个电动升降机，安装在专门为坐轮椅的乘客保留的门上。

德国的高铁技术至今出口到了中国、西班牙、俄罗斯、土耳其等国。

德国ICE-3 neo高铁列车

　　我是基于ICE-3型高铁列车技术平台开发出的升级版高铁列车，于2022年实现首次载客运行。我的核心数据和ICE-3型高铁列车没有太多区别，这次升级主要是为了优化我的内部设计，比如增设自行车存放区域和家庭座椅区域，除此之外，我还配备了电动升降机，为使用辅助轮椅的人员提供了更多便利。

"欧洲之星"来了

"欧洲之星"（Eurostar）既可以表示高速铁路，也可以表示实打实的高速列车。它既是连接英国伦敦圣潘可拉斯车站与法国巴黎北站、里尔以及比利时布鲁塞尔南站的高速铁路，也是奔驰在该高速铁路上的高速列车。

"欧洲之星"作为欧洲首列国际列车，设计大气，其车头为子弹头形状，前脸萌萌的，给人一种非常轻巧、迅疾的感觉。早期的"欧洲之星"车身呈白色，车头顶部亮黄色的配色十分大胆，车头一侧印着三条飘逸的蓝色细带和一颗黄五星，其中的三条细带表示字母 E。E 是欧洲英文 Europe 的第一个字母。

英吉利海峡海底隧道于 1987 年动工，历经近 7 年时间，于 1994 年 5 月正式通车。隧道全长 50.5 千米，其中 37.9 千米铺设在英吉利海峡海面下一百多米处。该隧道被誉为"20 世纪人类在欧洲最伟大的工程"。

"欧洲之星"把英国、法国和比利时这三个国家的首都连通了起来。从伦敦站启程，跨越英吉利海峡进入法国，在比利时、法国境内，"欧洲之星"高速列车与法国 TGV 和 Thalys 高速列车使用同一轨道。

"欧洲之星"也是英国高速铁路的代名词，它在英国国内的运营

我是"欧洲之星"高速列车,身长达400米,一般由18节车厢组成。当我于1994年成为首趟穿过英吉利海底隧道的高速列车后,我很快就成了英国伦敦至法国巴黎路线上最受欢迎的列车。我的最高时速是300公里,在隧道通行时我的最高时速一般在160公里。对于欧洲人而言,我不仅是一种交通工具,更是一种文化符号和社会纽带。

线路只有伦敦向南的一部分。为了满足"欧洲之星"的运营,英国制定了 1 号高速线路计划(High Speed 1)以满足和比利时、法国高铁路线的对接。

该计划顺利实施后,欧洲人首次实现了从英国搭乘列车快速到达欧洲大陆的梦想。列车设计者尽可能提高"欧洲之星"高速列车的载客量,一列"欧洲之星"高速列车一般由 18 节车厢组成,其载客量堪比 2 架大型波音客机。"欧洲之星"高速列车以其高速、舒适、经济和安全的特点，成为旅客喜爱的交通宠儿。

"欧洲之星"高速列车是高科技的结晶，在牵引、空气动力学、制动系统等方面采用了新技术。新设计的自控同步牵引机车简化了设备，提高了牵引力。另外，列车还装备了先进的计算机系统，将驾驶室的主机与各车厢的计算机连成网络，随时传递信息。

"欧洲之星"高速列车运行时速可达 300 公里，比法国 TGV 高速列车的日常运行时速快 30 公里。乘坐"欧洲之星"高速列车从伦敦到巴黎只需要 2 小时 15 分钟，十分便利。

英吉利海峡海底隧道包括三条隧道和两个站点。三条隧道由北向南平行排列，南北两隧道相距 30 米，是单线单向的铁路隧道，隧道直径为 7.6 米；中间隧道为辅助隧道，直径为 4.8 米。倘若南北隧道发生事故，可以利用中间隧道疏散旅客和进行线路抢修。

"欧洲之星"高速列车驾驶室的挡风玻璃与法国 TGV 高速列车的相比，显得小一些，这是为了消除列车在高速通过隧道时对列车司机产生的催眠效应。

多样动车组的辉煌

时间到了 20 世纪 90 年代，意大利、西班牙、比利时、荷兰、瑞典等欧盟大部分发达国家，看到法国、德国高速列车的兴起也紧随其后，开始大规模修建本国或跨国界的高速铁路，逐步形成了欧盟高速铁路网络。

意大利也属于欧洲高速铁路的先驱之一。和法国不同，第二次世界大战结束后的意大利，其高铁计划不是从改建和新建高速路段开始，而是以引入摆式列车来实现既有线提速，其开发的ETR401型高速列车成为后来潘多利诺摆式列车品牌的基础，也是一些国家高速列车的"万世之祖"。

1970年，意大利动工修建第一条高铁——罗马至佛罗伦萨线。直到1992年全线通车，前后总共历时22年。1998年，意大利对米兰—博洛尼亚段180公里铁路进行改造升级，运行时速提高至300公里。21世纪初，意大利采用的是当时最新型的ETR500型高速列车"红箭号"，它也常被称作"意大利欧洲之星"。

意大利在2008年向法国定制了AGV高速列车，并将其命名为AGV Italo，这款列车采用的是动力分散驱动，最大运行时速可以达到360公里，是意大利技术最先进、速度最快的列车，目前运行于意大利各大主要城市。

截至2022年，西班牙拥有高铁里程3917公里，排名欧洲第一，但是西班牙的高铁技术研发弱于法国、德国等欧洲高铁大国，西班牙高铁主要采用的是法国TGV技术。

由西班牙国家运营铁路公司（Renfe）运营的高速列车都以A字母开头，因此俗称"A系列"。和意大利一样，西班牙拥有不同等级的

意大利"红箭号"高速列车　·····

　　我是意大利"红箭号"高速列车，身长200米，可同时容纳450多名乘客。我的8节车厢之间采取非铰接式连接，我的设计最高时速为400公里，不过我在实际运营中通常保持时速300公里。我所在的"箭"系列家族中，还有"银箭号"和"白箭号"这两个系列成员，我们就像是意大利铁路系统的三"箭"客。

复杂而庞大的高速列车体系，其中包括准高速列车 Altaria，高速列车 Avant、Alvia 和 AVE。其中西班牙 AVE Talgo-350 高速列车，昵称"鸭子"，是欧洲流行的鸭嘴头形高速列车。

　　1992 年 4 月，在巴塞罗那奥运会前夕，西班牙开通了从马德里至塞维利亚的高速铁路，赶上了世界高速运输的发展步伐。这条全长

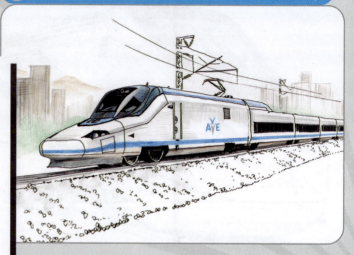

西班牙AVE Talgo-350高速列车

　　我是西班牙AVE Talgo-350高速列车，于2000年正式上线，运行于马德里和巴塞罗那之间，是奔驰在西班牙高速铁路（AVE）上的一个重要车型，我的设计最高时速为350公里。车头的鸭嘴形设计是我的一大亮点，据说这一特点可以有效减少我在以最高速度运营时产生的噪声。

　　约470公里的高铁线路体系，由法国人投资设计。运行在这条线上的AVE高速列车，平均时速超过220公里，最高时速可达300公里。同时，这也是西班牙第一条标准轨距铁路。

　　英国实际上没有属于自己的高铁。英国目前在建的高铁2号线，虽然经过国会批准，但仍然充满了反对声，距离完工遥遥无期。而所谓的英国高铁1号线，其实是英法合建的，使用的是法国的技术，也被称作"欧洲之星"，它连接伦敦和巴黎。其实，英国也拥有各类高速列车，由于缺乏稳定的机车信号和灵活的高速路线，这些列车的运营时速只能控制在201公里以内。

伦敦"AZUMA"

我是"AZUMA",出生于日本,我刚出生就被送到了英国伦敦,成为伦敦东北铁路公司(LNER)的一员"大将",被誉为英国的先进列车之一。我采用了混合动力,既可以通过受电弓接受电力来驱动,也可以通过安装在车底的内燃机来驱动,最高时速为200公里。我于2019年5月在英国东海岸主线上正式为大众服务。

2019年5月,伦敦东北铁路公司推出全新高速列车"AZUMA"。该新型高速列车采用日本子弹头列车的技术,时速达到200公里,由位于英国的日立公司制造团队生产。

欧洲的高速列车不仅在运营商所处国家运营,还承担着国际列车的角色,比如法兰克福至巴黎之间的TGV线,法兰克福至阿姆斯特丹之间的ICE线等,都会有不同国家运营的高速列车在上面行驶。当高速列车驶入另一国时,通常由当地的铁路公司承担本国的运营部分,比如瑞士联邦铁路公司(SBB),就承接着德国ICE进入瑞士巴塞尔站(Basel SBB)以后的运营任务。

韩国"KTX-1"

　　我是韩国的第一代高速列车"KTX-1",我名字里的"KTX"是韩国高速铁路的英文缩写。我的技术来自法国,于2004年正式在韩国铁路上运行。我属于动力集中型动车组,我的20节车厢采用的是4动16拖的编组方式。实际营运时速为305公里。

　　韩国高铁线路（KTX）呈"人"字形结构，现有京釜线、湖南线、首尔大都市线、原州至江陵线，共 4 条高速铁路。KTX 高速列车采用法国 TGV-A 型推拉式高速动车组技术，被誉为"世界十佳列车之一"。随着技术的进步和自主创新的发展，KTX 高速列车的部分车型，如 KTX-青龙的国产化率已达 100%，其制造公司是韩国现代 Rotem 公司。

　　截至 2021 年，韩国有三种高铁车型，分别是 KTX-1、KTX-山川和 KTX-EUM 高速列车，均为动力集中式，其中 KTX-1 的设计时速为 250 公里，实际运营时速可达 305 公里。2012 年 5 月 17 日，韩国 HEMU-430X 高速试验电动车组，创造了时速 421.4 公里的新速度。

　　2003 年 10 月 12 日，中国首条快速客运专线（秦沈客运专线）正式开通；2007 年 1 月 5 日，中国首条时速 300 公里的高速铁路在中国台湾地区通车运营；2008 年 8 月 1 日，中国首条时速 350 公里的京津城际铁路通车运营。以中国为代表的高速铁路建设迅速发展，将世界高速列车发展推向了一个新的历史高潮。

　　中国台湾地区的首条高速铁路，连接台北市与高雄市，南北串联中国台湾地区各个主要城市，铁路建成时全长 345 公里。乘坐 700T 高速列车，从台北到高雄只需要 1 小时 30 分钟左右。

　　中国台湾地区选择以欧洲技术为基础，建造自己的高速铁路。当时台湾高铁（THSR）计划以法国阿尔斯通和德国西门子为主要承包商。后因为 1998 年德国艾雪德列车出轨事故和 1999 年台湾"九·二一"大地震，台湾高铁重新对机电系统进行招标，欧洲铁路供货商虽坚持参与投标，但台湾高铁最终选择采用日本技术。为此，台湾高铁付出大笔赔偿金给欧洲铁路供货商。

700T 高速列车，是以日本新干线 700 系电力动车组为基础，并融入新干线 500 系电力动车组的牵引系统设计，最高运营时速达到 300 公里，由川崎重工、日本车辆、日立制作等厂家生产。与新干线 700 系电力动车组相比，其电机功率从 275 千瓦上调至 285 千瓦，车头做了较大的改动，去掉了鸭嘴造型，并且把车头造型长度从 9.2 米缩至 8 米。为增加载客量，700T 高速列车减少头部长度，扩大了头尾车的有效客室面积。同时，中国台湾地区将新建的列车隧道截面面积增至 90 平方米，远大于日本的 64 平方米，以此减小列车的空气阻力和噪声。

第二章
"双星"的民族梦想

　　"中华之星"和"中原之星"动车组，是国产第一代电力动车组。

　　当年的这对"双星"，承载着中国高铁的民族梦想，曾经威震一方，红极一时。尽管那个时代早已离我们远去，但它们流星般的轨迹，依然闪烁着光芒。

　　早在 20 世纪 50 年代，我国就开始内燃动车组的研制工作，由于技术、材质等多方面的制约，内燃动车组尽管下线了，却没能上线运营。20 世纪 80 年代后期，国产动车组加快了研制步伐，取得了明显成效。特别是20世纪90年代后，在市场经济的推动下，为开拓客运市场，铁道部所属各铁路局分别与机车车辆企业合作，坚持自力更生，先后研制、生产了多种型号的国产电力动车组，掀起了一场中国动车组研发的高潮，开创了良好的发展势头，积累了宝贵的经验。

运行中的高速列车宛如一条钢铁长龙在轨道上飞驰。这条长龙由多节动车和拖车组成，我们称之为动车组。所谓动车，即自带动力的车辆。而不带动力的车辆，则称之为拖车。动车组分动力分散型与动力集中型两种动力技术制式。由多个动车和拖车组成的动车组，为动力分散型；动力在车头上而车厢没有动力的动车组，为动力集中型。"中华之星"为动力集中型，"中原之星"为动力分散型。

动车组的动力系统又分两种，一种是以内燃机为动力，一种是以电动机为动力。电动车组最大的优点是以电为能源，运行起来噪声小、无污染，有利于环境保护，绿色化发展是铁路交通运输发展的方向之一。

铁道部原部长傅志寰曾在采访中表示：从某种意义上讲，以"中华之星""中原之星"为代表的国产动车组，代表了中国高速列车的民族梦想，为中国高速列车发展作出了奠基式贡献。

国产动车组溯源

阅读国产动车组的发展历史，无疑像是在阅读一本大书。

"东风型"双层摩托内燃动车组

我是"东风型"双层摩托内燃动车组，出生于1958年，代号"NM1"，我的制造者是当时的四方机车车辆厂。我的出现开创了中国铁路的多个"第一"称号——第一代内燃动车组、第一台液力传动内燃机车、第一列双层列车。我的最高运营时速为120公里。

国产动车组的研发史，可追溯到20世纪50年代。当时最早自行研制的"东风型"双层摩托内燃动车组于1958年在四方机车车辆厂下线，由前后两节600马力液力传动内燃机车和中间4节双层客车组成。

我国自主研发的第一列交流电动车组，于1988年由长春客车厂、株洲电力机车研究所和铁道部科学研究院联合研制，并被命名为"KDZ1型"，采用2动2拖编组，设计最高时速140公里。

1989年，"KDZ1型"电力动车组在进行调试试验时，最高试验时速达到142.5公里，各项指标达到设计任务书要求。"KDZ1型"电力动车组采用了当时的大量新技术，虽然由于当时运输条件的限制未

"KDZ1型"电力动车组

我是"KDZ1型"电力动车组，出生于1988年9月。我和"NM1型"一样，也拿到过中国铁路的几个"第一"的称号，即中国第一列交流电动车组，中国第一列动力分散式动车组等。我采用2动2拖编组，最高时速为140公里。

能投入正式运用，但为国产电力动车组的研发积累了宝贵经验。

据铁道部原部长傅志寰回忆，"KDZ1型"电力动车组在北京环形铁道上线试验时，时任国务院总理李鹏、副总理邹家华等领导曾专程前往视察，并上车试乘。

1993年至1995年间，青岛四方机车车辆股份有限公司（以下简称四方公司）研制了两列"天安号"液力传动内燃动车组，分别配属于北京铁路局和沈阳铁路局，最高试验时速达到了120公里。

1998年，四方公司启动了液力传动内燃动车组的研制，将其命名为"NYJ1型"，采用2动4拖、2动5拖等多种编组形式。"NYJ1型"

"NZJ型"双层内燃动车组

我是唐山机车车辆厂研发的"NZJ型"双层内燃动车组，出生于1998年，你们也可以叫我"庐山号"。在当年，我代表着中国铁路机车车辆的最高技术水平。我采用2动2拖编组，全长105米，可容纳540名乘客。最初我在南昌至九江区间接受载客服务，我的最高运营时速为120公里。

内燃动车组在1999年2月出厂后，运营相对稳定。多地铁路局采购并分别将其命名为"九江号""北亚号""罕露号""晋龙号""北海号""神华号"等。

1998年，唐山机车车辆厂自行开发研制"NZJ型"双层内燃动车组"庐山号"。它是一种理想的中、短途轨道运输工具。此车的试制成功填补了中国铁路运输工具的一项空白。

1999年3月，为迎接昆明世界园艺博览会，"春城号"动车组在长客公司下线，担任昆明至石林的城际线路运营工作。它是由株洲电力机车厂、长春客车厂与昆明铁路局联合研制的。动车组采用3动3

"DDJ1型"电力动车组

我是"DDJ1型"电力动车组，人送外号"大白鲨"。1999年，我在株洲电力机车厂出生。同年8月，我在广深铁路进行上线试验，跑出223.2公里的最高时速。我采用1动6拖编组，最高运营时速为200公里。

拖编组，1节动车和1节拖车为一个动力单元，最高运营时速120公里，是我国自主研制的首列投入商业运营的动力分散型电力动车组。2009年"春城号"不再运营，被封存在铁路线机务段。

1999年4月，由株洲电力机车厂、唐山机车车辆厂、长春客车厂等多家企业联合研制的"DDJ1型"电力动车组"大白鲨"下线。"大白鲨"以国产电力机车鼻祖"韶山8型"和"25Z型"准高速客车为基础，采用交-直流电传动和1动6拖编组，属于动力集中式，曾获"九五"国家重点科技攻关计划优秀科技成果。自当年9月27日起，"大白鲨"

在广深铁路投入载客试营运，最高时速达到 200 公里，成为我国第一列时速 200 公里的商业营运列车。"大白鲨"属于实验性车型，仅试制一列，并未投入批量生产。

同期，国家重点科技攻关项目"高速铁路试验工程前期研究"和"时速 200 公里电动旅客列车组合动力分散交流传动电动车组研究"正式启动，先后研制出"蓝箭号""先锋号"高速电力动车组。

2000 年 9 月，"DJJ1 型"电力动车组"蓝箭号"问世，在广深线高速综合试验中，它的最高试验时速达到 236 公里。2001 年 1 月，"蓝箭号"投入广深线运营，最高运营时速 200 公里，8 列"蓝

"DJJ1型"电力动车组 ···

我是"DJJ1型"电力动车组，也叫"蓝箭号"。在我们的型号中，"D""J""J"分别代表电力动车组、交流传动、动力集中。我出生于2000年，采用动力集中式的推挽式电力传动系统和1动6拖编组。2001年，我正式被用于商业运营，运营时的最高时速为200公里。

箭号"与1列购自瑞典的X2000一起，组成了广深铁路"新时速"
列车。

2001年5月，"DJF2型"电力动车组"先锋号"下线，这是我国
首列交流传动、动力分散型动车组。"先锋号"由南京浦镇车辆厂、
长春客车厂、大同电机车厂和永济电机厂以及铁道部科学研究院、上
海铁道大学等联合研制，由6节车辆编组而成，总功率4800千瓦，借
鉴了日本新干线300系电力动车组的一些技术，设计时速200公里。
同年10月至11月之间，"先锋号"在广深铁路的线路试验中创下了
当时"中国铁路第一速"纪录——时速249.6公里。2002年9月，"先

"DJF2型"电力动车组

我是"DJF2型"电力动车组，
也被叫作"先锋号"，出生于2001
年。我是我国自主研发的第一列交
流传动、动力分散型动车组。我设
有两支受电弓，这样确保了我在一
支受电弓故障时可以无缝切换到
另一支受电弓。我的设计时速达到
200公里。2002年9月10日，在秦
沈客运专线的测试中，我创下了最
高时速292.8公里的惊人纪录。

锋号"又在秦沈客运专线的测试中创下了时速 292.8 公里的中国速度新纪录。

在引进国外先进动车组技术之前，我国研制的最后一款动车组是由中车长春轨道客车股份有限公司（长春客车厂改制重建后的名字）研发的"长白山号"动力分散型动车组。它采用 6 动 3 拖编组，设计时速 210 公里。2005 年 5 月，"长白山号"参与了"遂渝线 200 公里时速提速综合试验"。它于 2006 年年底配属沈阳铁路局，2010 年 4 月被封存。

无可否认，这些国产动车组集中了当时国内优势科研力量，在转向架设计、铝合金车体、空气动力学试验、牵引与制动及列车网络系统等方面都取得了开创性的成果。然而，这些国产动车组终究没能服务于中国高速铁路，也没有被后来的中国高速铁路品牌 CRH 采用。

 民族梦想

许多铁路人常说，"中华之星"曾寄托着中国高速铁路的民族梦想。

改革开放后的中国，走过了一段百废待兴的历程，各项事业呈现出蓬勃发展的良好态势，但铁路运输能力不足始终是制约国民经济发展的"瓶颈"。当时铁道部认真分析世界铁路的发展趋势，产生了建设高速铁路的设想，因而如何研制发展中国的高速铁路一时成为重要议题。

傅志寰回忆道："那时天上飞的是'空客''波音'等外国飞机，地上跑的是'桑塔纳''别克'等洋品牌汽车，而令铁路人引以为荣的是，在中国数万公里的铁道线上，奔驰的全都是中国原创的'中华牌'机车和车辆。"

自 1992 年开始，铁道部立足于自主研制，同时就部分系统、部件开展国际合作，展开系列高速列车的研制工作。世界银行得知中国正在着手发展高速铁路，十分赞赏，提出要给中国贷款，支持中国兴建高速铁路，并连续几次派员来中国考察高速铁路项目。

谈及"中华之星"，它应该属于中国高铁论战的产物。

早在 20 世纪 90 年代，修建京沪高铁被提上国家议事日程，铁道部出于优先考虑成熟技术的思路，提出了高速轮轨方案；而中国科学院则从技术的前瞻性考虑，认为磁悬浮方案更先进。双方为此展开激烈争论。"中华之星"的研发就成了铁道部的"争气"项目，铁道部试图用"中华之星"争取主动，让中央高层支持高速轮轨方案。

1997 年，中国铁路开始第一次大提速。1999 年，秦皇岛—沈阳（秦沈）客专开工建设，设计时速 250 公里，使得自主研发国产动车组的任务变得更为迫切。这一年，铁道部与国外合作研制"蓝箭号"，由此拉开了"自主+合作"模式的序幕。

"蓝箭号"以欧洲高铁技术模式为研制基础，属于动力集中型动车组。2000 年，中国通过技贸结合和国际合作，引进国外核心技术部件——牵引变流器，完成了时速200公里级的"蓝箭号"的设计和生产。

当年参与"中华之星"国产动车组设计的老专家告诉笔者，在这些动车组试验车型中，平稳性最好的是"蓝箭号"。后来名声大振的"中华之星"，也是在"蓝箭号"的基础上发展起来的。

可能当今的人们对"中华之星"已经没有多少概念了，然而，当年它可是中国铁路机车中的明星，曾集"万千宠爱于一身"。1992年，铁道部科技司根据高速列车的相关重要部件列出研究课题，将当时高速列车的各个科研课题的成果集中进行开发，形成了一个整体规划。这个规划包括列车变流系统及其控制技术等，这些都要求中国企业自主研发。

2000年初，铁道部向国家计委上交了"270公里时速高速列车的产业化"项目报告，经国家计委批准，将其列入国家高新技术产业化发展计划项目。铁道部联合南车集团公司、北车集团公司、株洲电力机车厂、大同机车厂、长春客车厂等单位共同打造中国高速列车，并将具有完全自主知识产权的高速列车命名为"中华之星"。

2001年4月，铁道部下达"270公里时速高速列车设计任务书"。任务书对"中华之星"的用途作了明确的说明：京沈快速客运通道主型列车，未来高速铁路的中短途高速列车和跨线快速列车。"中华之星"的立项明确该列车的生产要以"产业化"为目标，用两年左右时间，实现年产15列的目标。

任务书还确定："中华之星"项目总投资1.3亿元人民币，其中国家拨款 4000 万元，铁道部投资 4000 万元，企业自筹 5000 万元。技术方面，"中华之星"总功率 9600 千瓦，编组 11 节，设计时速 270 公里。

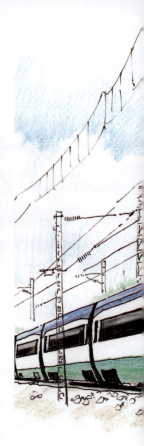

同时，中国工程院院士、株洲电力机车厂高速研究所所长刘友梅被任命为该项目的总设计师。由此，拉开了"中华之星"研发的序幕。

"中华之星"是中国铁路的骄傲。能够参加这个项目，研发组的成员都认为这是一种难得的荣耀。铁道部立项之后，中国列车制造四大骨干企业都参与了该项目，中国铁路系统四大科研院所——株洲电力机车研究所、铁道部科学研究院、四方车辆研究所、戚墅堰机车车辆工艺研究所，轨道技术最强的两家著名高等院校——西南交通大学、中南大学，也都参加了研制工作。该项目涉及设计开发人员多达几百人，被称为"442 工程"。

株洲电力机车厂和大同机车厂各负责研制 1 节动车，长春客车厂负责研制 4 节拖车，四方机车车辆厂负责研制 5 节拖车。

傅志寰是国产高速动车组自主研发路线的倡导者和坚定支持者。从 1998 年到 2002 年，傅志寰任职铁道部部长期间，集中了科研力量，致力于更高速度的

"DJJ2型"电力动车组

　　我是"DJJ2型"电力动车组,我还有一个响亮的名字——"中华之星"。我是中国自行设计的高速电力动车组,我的设计时速可达270公里,可容纳726名旅客,在冲刺实验中,曾创造时速321.5公里的"中国铁路第一速"。我采用2动9拖编组,我的动力来源于头部和尾部的两节动车,通过前拉后推的方式推挽运行。

动车组研发，参与的科技人员多达几百人，取得了明显成果。

一年之后，捷报频传。

2001 年 8 月，"中华之星"通过了技术设计审查，开始进入试制阶段；2002 年 9 月，"中华之星"动车组下线，在西南交通大学的国家牵引动力实验室通过了时速 400 公里的动力学试验，接着又先后转到位于北京东郊的铁道科学研究院环形铁道试验线、秦沈客运专线进行试验和列车编组调试。

同年 11 月 27 日，"中华之星"在秦沈客运专线的冲刺试验中创下最高时速 321.5 公里，创造了"中国铁路第一速"。中国独立设计、拥有完全知识产权的高速列车由此诞生，并成为当时媒体报道的热点。

得知这个喜讯，时任政治局委员、国务院副总理曾培炎非常高兴，他亲自带着国家计委的负责同志专程来体验中国高速列车。他们挤在驾驶室里，列车不断加速，最后加速至时速 300 公里，一旁高速公路上同向行驶的汽车纷纷被抛到后边，驾驶室里一片欢呼声。

对此，日本媒体报道说，"中华之星"在秦沈客运专线的试运行，给现场观察人士无限遐想空间的同时，也给日本新干线在国际市场的竞争涂上了一层阴影。日本媒体担心，一旦中国铁路熟练地掌握了时速 200 公里的技术，势必将缩小今后引进的范围。

据参与"中华之星"项目的铁路专家回忆："我们那个时候也引进学习国外的技术，但是不照样画葫芦，机械零部件设计、电子线路设计、参数、图纸都是自己的原创设计。"

不为人知的是，为研制中国自己的高速列车，我国铁路科研部门选择了"两条腿走路"的方针。在当时，日本新干线采用的是动力分散（除车头外，每节车厢自身也可以提供一定动力）技术的机车，而欧洲国家都是动力集中（动力设备集中在车头）技术。作为高速铁路的后来者，"中华之星"在选择学习法国高速列车的动力集中模式的同时，提出研制动力分散型动车组"先锋号"的任务，这在当时属于高度机密。

那些年，国产高速动车组的自主研发并非闭门造车，也包含技术引进、吸收和消化。与后来的大规模引进主要区别在于，这种技术引进是小批量的，以国内研发人员为主，注重的是引进后的学习和吸收，提高再创新。在此期间，我国专家通过各种渠道频频和法国、德国等方面的专家进行沟通，介绍中国动车组的研制情况，希望他们也能开展动力分散技术研究。

据中国铁道科学研究院专家介绍："'中华之星'90%以上都是自主研发创新的，拥有完全自主知识产权。"目前，中国的专利有三种类型：发明专利、实用新型专利和外观设计专利。专家认为，"中华之星"的自主技术专利更多属于前两种。

"中华之星"在动力系统、制动系统和转向架等关键领域完成了系统集成和技术自主，只是一些重要的零部件从国外进口。比如轴承，就是从国外购买的。当时由于国内厂家生产的轴承材质不过关，承受不了高速列车的载荷与转速。

专家认为，自主设计、拥有知识产权，并不是说要完全国产化，从国际采购必要的列车配件是非常正常的事情，比如大功率电子器件，国际上只有几家公司能够生产。当时法国高速列车电子器件就是从瑞士、日本的一些大公司购买的。

"中原之星"的坎坷

"中原之星"与"中华之星"是兄弟俩，前者比后者大一岁，拥有同样的时代背景，同等的技术现状。解读"中原之星"的诞生与成长过程，有助于理解"中华之星"经历的那些艰难曲折。

徐宜发，曾任郑州铁路局主管机务的副局长，后又任局长，他直接参与了"中原之星"的研发、试验，以及上线载客运行的各项工作。

徐宜发说："'中原之星'是完全的中国化。""中原之星"动车组为动力分散型、交流传动电动车组,适用于中、短途快速旅客运输。由郑州铁路局、株洲电力机车厂、四方机车车辆厂和株洲电力机车研究所联合研制生产。首列动车组于2001年10月生产下线。仅生产了一列,配属郑州铁路局。

此前,郑州铁路局在全局开展了一次为动车组列车征名的活动。当时车体已在株洲电力机车厂进入调试阶段,但一直未命名,厂方请铁路局为动车组取名。于是,由郑州铁路局党委宣传部组织举办了一次群众性的征名活动,一是扩大高速动车组的影响,二是尊重职工的民主权益。全局干部职工积极响应,"新世纪""世纪之星"等近百个名称雪片般飞到宣传部。这天是郑州铁路局党委中心组学习日,会上由主管机务的副局长徐宜发向大家通报了动车组征名的情况。会上你一言我一语,讨论热烈,最后大家都认定工会主席邢合荣的意见最好。邢主席说:"把'世纪'改成'中原'叫'中原之星',既突出了郑州铁路局的地域特点,又体现了这组车的新技术。"大家一致鼓掌赞成。就这样,"中原之星"在中原大地成为一个响亮的名字。

2001年夏,"中原之星"动车组在北京东郊的铁道部科学研究院环形铁道试验线进行调试。

"中原之星"全长161米,由6节车厢组成,包括2节软席车厢和4节硬席车厢,可载客548人。其外形设计与传统的旅客列车相差很大,外表明快而大气,时尚、气派,让人耳目一新,最高运行时速可达160公里。流线型的"中原之星",车内宽敞明亮,装饰豪华,座席采用高靠背航空座椅，有可折叠的茶桌和透光灯带，车厢两端安装了全数字化的电子信息显示屏。各车厢设有列车吧台、新型方便的行李存放间和功能齐全的盥洗间等。

> **"DJF1型"电力动车组**　　　　···
>
> 　　我是"DJF1型"电力动车组，也被叫作"中原之星"，我属于动力分散型动车组，设计时速达到200公里，于2001年出生在株洲电力机车厂。2002年5月，工程师将我进行改造和扩编，于是我从最初编组的6节车厢增至14节车厢，成为当时中国编组和载客量（1398人）最大的动车组。

2001 年 10 月 23 日上午，"中原之星"在郑州至许昌小商桥线路上进行了第一次试车。可是，列车刚运行不久便停摆了，折腾了半天，才重新上路，不久就又走不动了。第一次试车提前结束，车被拖了回来。接下来的试车中，也是时好时坏。

同年 11 月 18 日，"中原之星"正式投入京广线运营。运行区间为郑州至武昌，其"子弹头"造型成为京广线上的一道风景，受到社会各界的广泛关注。次日，《人民日报》（海外版）在头版头条刊发"中原之星"的图片，向世界展示中国高速列车的英姿。在接下来的运营中，"中原之星"故障频发，经常"趴窝"。

2002 年 10 月 1 日，扩编后的"中原之星"迎来了首批旅客，开始在郑州至武昌间运行。这天，徐宜发很兴奋，他亲自驾车出征。还特意邀请了一帮记者跟车采访。那天，"中原之星"很给面子，一路十分顺畅。可是好景不长，隔几天它又"趴"下了。当年的郑州客运段乘务员提到"中原之星"就会不停地摇头："这个车，让我们没少挨旅客的骂。"

一位曾在郑州铁路局车辆段工作过的铁路业内人员回忆道："'中原之星'经常'趴窝'，很重要的原因是关键部位的材质不过关。每次'中原之星'进库检修，从轴箱里都可以掏出一捧铁屑。"

"中原之星"运行半年后，即因维修成本过高而停运。

 "中华之星"的陨落

2011年夏天，京沪高铁通车前夕，株洲电力机车厂高速牵引研究所所长、中国工程院院士刘友梅被铁道部邀请到场。同时被邀请的还有当年参与"中华之星"自主研发的几位老专家。

北京南站的一处站台，充满欢声笑语，流线型的CRH380动车组列车静静地停着，整装待发。刘友梅沉默着，他的心情十分复杂。十年前，他曾是中国高速铁路自主研发的关键人物。

2003年，铁道部叫停已经进行了十年左右的高速动车组高速铁路自主研发试验。刘友梅与他的"中华之星"团队被挡在中国高速铁路发展的门外。至今，他仍然对这一决策耿耿于怀。令他欣慰的是，当初参加"中华之星"研发的一批人才，后来在"南车四方""北车长客"中都成为了引进、消化和吸收国外高速铁路技术的骨干，也在中国高速铁路研发事业中发挥了重要作用。眼前的CRH380动车组列车，也应该饱含他们的心血。

刘友梅总在想，当年停止"中华之星"的研发到底对不对，自主研发与技术引进应该是什么关系，什么样的产品应该自主研发，什么样的产品可以走技术引进的道路。作为一种手段，"以市场换技术"本身并没有错，但如何才能以尽可能小的代价来换取尽可能大的收益，而不至于被技术所捆绑呢？"中华之星"从怀胎、问世到最后夭折，可谓命运多舛。刘友梅的心情也随之而焦虑、欢欣、忧愁。

十年过去了，刘友梅已经完全释然了。

"'中华之星'已成历史，它是我一手设计的，也凝聚了我们团队大量的心血，但不得不承认，如今的高速铁路制造技术与'中华之星'的年代相比，已经有了翻天覆地的变化，要让'中华之星'起死回生，重新上线，是不现实的。"这位"中华之星"项目的总设计师、年过七旬的刘友梅在说这段话时显得颇为理性。

也许是应验了"乐极生悲"这句宿命式的谶语，满载中国自主研发希望的"中华之星"，在冲刺试验并创造了最高时速321.5公里的第二天，一场"灾难"悄然而至。

2002年11月28日，包括部长傅志寰在内的铁道部四位领导兴致勃勃地来到秦沈客运专线，准备登乘"中华之星"，体验"中国铁路第一速"。在此之前，总设计师刘友梅按惯例对"中华之星"进行了热备，即试跑。当时速达到285公里时，转向架故障诊断系统突然报警，显示轴承温度达109摄氏度，温度超标，属于一级报警。停车检查后发现是B动力车有一个根轴的托架轴承座温度明显过高。

部领导到来后，刘友梅向傅志寰报告了实际情况，请示是否还按计划试验。傅志寰当即表示，既然发现问题，还是等解决问题后再说吧。于是，几位部领导改乘"先锋号"动车组。"先锋号"试跑很顺利，时速达到了270公里。

　　事后查明，"中华之星"轴温升高，是一个进口轴承损坏所致。

　　很快，有关"'中华之星'差点要了四位部长的命"的说法不胫而走。

　　反对者说："'中华之星'的轴温事件，说明了国产动车组质量之差，后果很严重。大家想想，列车正在高速运行，车轴突然断了，那将会是一个什么后果？脱轨颠覆，车毁人亡啊。"

　　刘友梅感到很委屈。他认为，这恰恰说明"中华之星"安全诊断保障系统是很有效的。对此，有专家反驳道："早在20世纪80年代末，铁路就开始推广车载轴温报警系统，到了20世纪90年代已经非常成熟，价格低廉，稳定可靠。从20世纪90年代中期开始，新造的车辆全都安装了轴温报警系统，许多老式绿皮车也进行了改装。只要轴温高于外温45摄氏度，这套系统就会报警，列检必须确认情况，采取应对措施。如果温度还有上升的趋势，或者轴温达到了90摄氏度，那就必须立即无条件甩车，绝对禁止继续运行。"

　　在此之后，"中华之星"仍然没有中断运行试验，总里程超过53万公里。

　　当时试验运行是不载人的，放的都是沙袋，按人等重放沙袋。这次试验运行创造了当时中国铁路新型机车车辆试验运行考核里程最长、运行考核速度最高的纪录，远远超出普通列车的 10 万公里运行试验的要求。

2003 年 10 月，秦皇岛至沈阳的秦沈客运专线正式开通，"中华之星"并没有如期进入正式载客试运营名单。

2004 年，铁道部启动时速 200 公里动车组项目采购招标，"中华之星"被排除在外。因为铁道部招标要求必须是"获得拥有成熟的时速 200 公里铁路动车组设计和制造技术的或有国外合作方技术支持的中国制造企业"。此前，"中华之星"已被铁道部组织的研讨会界定为不成熟技术。此外，"中华之星"属于动力集中型，最多只能编组 8 节车厢，不符合铁道部多载人的要求。

2005 年 6 月 26 日，中国工程院召开了一场"提高装备制造业自主创新问题"的座谈会，刘友梅就"中华之星"面临的困境向与会院士们作了汇报。徐匡迪院长十分重视，包括原铁道部部长傅志寰在内的 52 名院士联名写信，以中国工程院红头文件的方式，向国务院呈送了一份《关于报送院士反映"中华之星"高速列车有关情况的签名信》。

"签名信"认为，铁道部最近引进"日、法、加"三国共计 140 列时速 200 公里等级电动车组的实践说明，包括设计技术、系统集成技术、交 – 直 – 交变流技术和网络控制技术都难以获得技术转让，中国企业仅分工承担组装制造任务，处于产业链的低端，使国内企业失去了自主创新的机会，使已经培育起来的科研队伍面临人员流失等问题。

"签名信"还认为，鉴于"中华之星"状态基本良好，各项技术指标满足设计任务书要求，建议对于自主研发的"中华之星"高速列车尽快组织鉴定，并实现产业化，不能让国家立项自主研制的成果不了了之。

然而，这封"签名信"最终没能改变"中华之星"的命运。

国家软科学研究计划课题组 2005 年组织完成的《中国高速铁路技术发展路线》报告指出，"中华之星"的更深层次意义在于，虽然目前还存在一些问题，可靠性还不高，与国外技术水平还有相当的差距，但通过这一项目，中国毕竟有了自己的技术开发基础和高速铁路技术平台。

2006 年 8 月 2 日，"中华之星"在试验运行了 80 万公里后，被封存在沈阳机务段，彻底从中国铁路运行图中消失。

境外媒体报道称，当携带着日本、法国、德国血统的 CRH 高速列车正在中国高速铁路上飞驰时，曾经被寄予厚望的国产高速列车却被封存在车库里，任由灰尘落满全身，等待着被拆解的命运。

谈及"中华之星"与 CRH 高速列车的关系，有学者认为，"中华之星"是 2002 年研制而成的。而 CRH 高速列车则是 2004 年才有引进计划。此后，由于"中华之星"多次翻修改进，但质量始终不达标，更加促进了 CRH 高速列车的引进；也正是由于"中华之星"作为一种谈判砝码，有效压低了国外动车组技术的引进价格，可见，"中华之星"的功绩不可低估。

如今回头来看，一些专家认为，既不能简单地否认当时刘友梅院士等一大批中国高速铁路发展事业的先行者作出的开创性贡献，也不能简单地认同当年的"中华之星"就是中国高速铁路自主创新的最佳路径。就当年研发"中华之星"的现状而言，不仅仅是一个是否拥有最先进技术的问题，因为当时的中国高速铁路在材料材质、生产设备、工艺流程、工人技术素质和操作技能以及信息化、产业化的生产条件等方面都有着很大的历史局限性。

无可否认，中国高速铁路超乎寻常的发展速度，首先源于中国综合国力的迅速提升，源于包括"中华之星"科研人员在内的新中国几代铁路科技人员的技术积累，"中华之星"的研制为中国高速铁路引进技术的消化与再创新打下了基础、提供了条件。当时"中华之星"的稳定性已经很高，也跑出了321.5公里的最高时速，而且很多科研单位、工厂参与研究制造，培养锻炼了一大批技术人才，也积累了不少经验。特别是在后来的技术引进中，加重了在国际市场的谈判砝码。否则，高速铁路技术的"引进、消化、吸收、再创新"的代价会更高，过程也不会那么快、效果也不会那么好。

从这个意义上来看，中国本土技术能力也应该是高速铁路技术创新的重要支撑。

第三章
洁白的"和谐号"

　　改革开放后的中国作出大力发展高铁的战略决策，引进世界上业已形成的先进高铁技术、吸取人类文明成果成了不二的选择。

　　立足于"引进先进技术、联合设计生产、打造中国品牌"的装备现代化要求，中国引进了加拿大、日本、法国、德国的高速动车组技术，在引进、消化、吸收和再创新的基础上，接连攻克了动车组九大关键技术和十项配套技术，成功搭建时速 200-250 公里、时速 300 公里和时速 350 公里三个速度等级的动车组设计和制造平台，相继生产出 17 个品种的"和谐号"系列动车组。曾一度飞驰在轨道上洁白色的"和谐号",成为中国大地上一道亮丽的风景线。

"毫无疑问,中国在引进、消化国外先进动车组技术过程中,就一直在自主创新,而且一些创新技术走在了世界同行的前列,毕竟靠模仿是不可能抢占世界高地的。科学无国界,虽说一些发达国家有先发优势,但是勤劳智慧的中国人奋发图强,勇往直前,加上能够集中力量办大事的体制优势,成就了国产动车组研制的强大后发优势。"

 从"照葫芦画瓢"起步

自 2004 年下半年开始,南车四方机车车辆股份有限公司(以下简称四方公司)、长春轨道客车股份有限公司(以下简称长客公司)和唐山轨道车辆有限公司(以下简称唐车公司),先后与加拿大庞巴迪、日本川崎重工、法国阿尔斯通和德国西门子等公司签订合同,引进先进技术,开始联合设计生产高速动车组。

2005 年 10 月,铁道部与四方公司、川崎重工、三菱电机、株洲电力机车研究所有限公司(以下简称中车株洲所)、株洲南车电机公司及石家庄国祥运输设备公司签订了 52 列 CHR2A 型动车组机电产品技术转让合同。2007 年 1 月 24 日,原装日产动车组开始在胶济线投入试运营。

外方预言,中国引进高铁技术至少需要用 16 年的时间消化、吸收,即 8 年消化、8 年吸收。2004 年，日本企业联合体与铁道部签订技术转让合同，同意将若干关键技术转让给中国公司。川崎重工总裁大桥忠晴劝告中方技术人员："不要操之过急，先用 8 年时间掌握时速 200 公里的技术，再用 8 年时间掌握时速 350 公里的技术。"

事实上，中国铁路在线路条件、运用环境、运营模式上都有自己独特的国情、路情，照搬国外现成技术显然不行。再说，国外企业出于自身生存发展的需要，他们也不可能将全部技术，特别是核心技术拱手相让。

"拿到图纸，外方专家只教你读图，告诉你是什么，但不告诉你为什么。"据四方公司首批到国外学习动车组技术的高级工程师于延尊回忆说。

显然，设计制造高速动车组是一项庞大的系统工程。光一张图纸，从提出方案到最终敲定，设计师们就要经历反复的研究论证，进行无数次的仿真分析、无数次的试验验证。而一列高速列车，涉及几万个零部件，需要设计出的图纸可谓数以万计。

正是这样，中方企业依靠外方转让的技术，开始了艰难的国产动车组再创新的工作。由此，中国高速列车研发团队梳理确定了 110 项重大科研课题，全面推进国产动车组技术创新工作。

中国高速列车研发团队以严谨的科学态度，开始一个个部件的梳理、一张张图纸的绘制、一遍遍分析的验证、一次次线路的试验，从引进国外技术的第一天起，他们就有一个梦想——要搭建起自己的高速列车技术平台。

采访中，笔者曾多次与这些设计师们亲切交谈，回首这些年所走过的路。大家认为，中国高速列车技术的引进、消化、吸收与创新，前期大体经历了两个阶段。

 ## "技术模仿"阶段

2004 年，铁道部首轮对外招标后，采取"技术模仿"的方式，中国企业掌握时速 200–250 公里的 CRH2A 型高速列车的设计、制造和监测技术，并开发出长编组车型 CRH2B、卧铺动车组 CRH2E。在这个过程中，中方企业实现了核心部件和整车在制造工艺上的本地化，拥有了按图制造能力，实现了对已有的日系车型进行逆向翻版制造。但是，在制造能力方面，显然还不能称之为具备自主制造能力。以牵引电机为例，日方联合体中的三菱公司负责转让电机技术给株洲南车电机公司，对方虽然转让了全套制造工艺，但设计软件、磁场计算软件这些核心技术并未转让。高速动车组的牵引电传动系统，日方转让了变流器、控制机箱的制造技术，但控制算法并未转让。因此，最早的算法调试需要日方协助才能进行。

 "优化提升"阶段

在 2005 年铁道部实施了第二轮对外招标后，中国企业通过对引进动车组进行系统优化，研制出 CRH2C 型时速 300-350 公里的高速列车。从 CRH2A 型到 CRH2C 型，高速列车的牵引电机功率明显提升，传动比从 CRH2A 型的 4 动 4 拖编组改为 6 动 2 拖，列车的总牵引功率从 4800 千瓦提升到 8760 千瓦。另外，在车体结构、降噪、转向架等领域也做了大量改进。

以牵引电传动系统为例，要实现列车速度的提升，必然要对牵引电传动系统升级。引进的技术平台已无法满足新需求，必须对硬件电路、控制软件进行重新设计、试验验证和考核。同时，还要对核心开关器件进行核算和更换，对散热、冷却系统进行重新梳理和设计提升。

这两个阶段是中国引进国外高速动车组技术消化与吸收的必须过程。由此，国产高速动车组实现了一系列的技术改进和有条件的技术创新。实践中，广大研发人员对高速条件下的系统行为有了全面的把握，对动车组的牵引性能、车体强度与模态、转向架等方面进行了系统提升与优化，相继突破了制约速度提升的一大批关键技术。

据中国中车股份有限公司提供的历史资料显示，当时仅四方公司就对"和谐号"动车组进行了长达 6 万公里的运行试验，完成了 100 多项优化设计，留下了 600 多页的试验记录、数百兆的电子数据记录。

在编组形式、动力配置、车型设置、旅客界面、减振降噪等方面，为我所用，消化吸收，大胆创新，成功解决了引进技术与中国铁路环境的"水土不服"问题，并构建了产学研用深度结合的动车组产品研制平台。

令人惊讶的是，中国高速列车研发团队仅仅用了两年时间，就完成了所有原始图纸、资料和技术标准的消化与吸收，并积极拓展创新领域，展示出势不可当的王者气派。国产"和谐号"系列动车组相继下线，彰显了中国高速列车研制的文化自信与灿烂前景。

2006 年 7 月 31 日，国产首列时速 200–250 公里高速动车组在四方公司成功下线，被命名为 CRH2 型"和谐号"动车组。

四方公司享有"新中国火车头的摇篮"之称。它的前身是 1900 年创办的四方机车车辆厂。新中国成立后，这家老厂焕发勃勃生机，中国第一台蒸汽机车"八一号"就诞生在这里。"八一号"是仿美式机车改造而成的，可以说，四方公司的技术引进与创新之路，从蒸汽机车时代就开始了。在国产"和谐号"动车组的生产中，四方公司又创造了多个第一。

2007 年 4 月 18 日，国产"和谐号"闪亮登场。这天，全国铁路开始实施第六次大面积提速，具备了时速 200 公里能力的既有铁路及白色的"和谐号"动车组，被写进了中国铁路发展史。"和谐号"与以往的火车完全不同的"子弹头"造型，让老百姓眼前一亮，热议不断。

突然间，许多大城市之间的通行时间被大大缩短了。

搭建技术平台

　　"和谐号"冠有一个英文名字"CRH",即"中国铁路高速列车（China Railway High-speed）"英文首字母的缩写。

　　"CRH"的简称,既体现了创立中国铁路高速动车组自有品牌与国际惯例的含义,也表明时速 200 公里及以上的动车组具有中国铁路的自主知识产权,有自己的制造能力。

　　2007 年 4 月 16 日下午,时任铁道部新闻发言人王勇平应邀做客新华网,他在介绍全国铁路第六次大面积提速调图情况时,就部分网民关心关注的"'和谐号'中文名称的来源""动车组安排""最高速度和平均速度的差别"等热点问题作了回答。王勇平特别向媒体解释了"和谐号"的含义:要构建和谐社会,必须解决存在的出行难、运货难等突出矛盾,只有多修铁路、修高等级铁路,才能最终解决铁路瓶颈问题,为和谐社会的建设作出贡献。

　　若干年后,王勇平在《发布台》一书中回忆道:"铁道部决定采用'CRH'动车组标名后,《中国青年报》记者周伟对我说,CRH 系列动车组既不好读,又不好记,还不好懂,中国创造的产品应该有个中国名字,否则老百姓很难接受。我觉得周伟的建议很有道理,立即向铁道部领导作了汇报。于是,铁道部决定将这四种动车组类型正式统一命名为'和谐号',所有动车组全都印上'和谐号'三个大字。"

2007年12月22日,中国高速列车研发团队成功突破牵引性能、车体强度与模态、转向架等制约速度提升的关键技术,研制出国产首列时速300公里高速列车。

2008年6月24日,国产"和谐号"动车组在京津城际铁路运行试验中创造出时速394.3公里的新速度。中国速度,超越"风时速",实现了中国人"陆地飞行"的梦想。

2011年,我国创造性地设计出"更高速度的试验列车",它在后来的滚动试验台上跑出了时速605公里的新速度,刷新了实验室速度纪录。2012年,我国又成功研制出首列"和谐号"城际动车组并形成系列化产品。

2014年8月,高寒抗风沙高速列车成功下线,有效解决了兰新高铁高寒、风沙、高温、高海拔、强紫外线五大环境适应性问题。

同年12月,我国研制出永磁高速动车组,丰富了国产动车组更节能、更环保的性能特性。永磁高速动车组被誉为驶向未来的高速列车。

经过几年的努力,中国高速列车的基础研发平台、三个级差的制造综合平台和产学研联合开发平台在四方公司、长客公司和唐车公司搭建成型:一是时速200公里级平台,实现了时速200-250公里系列高速列车的国产化批量生产。二是时速300公里级平台,覆盖时速300-350公里系列高速列车,自主研制生产了时速350公里的高速列车。三是时速350公里以上级平台,以CRH380系列高速列车为代表的国

"CRH2C型"电力动车组

　　我是"CRH2C型"电力动车组，也是大家熟悉的"和谐号"。我是由青岛四方机车车辆股份有限公司基于"CRH2A型"电力动车组进行改进研制的电力动车组。我适应时速300公里和350公里的高铁客运专线。我在京津城际铁路运行试验中，曾创造了时速394.3公里的新速度，打破了此前"中华之星"所创的时速321.5公里纪录。

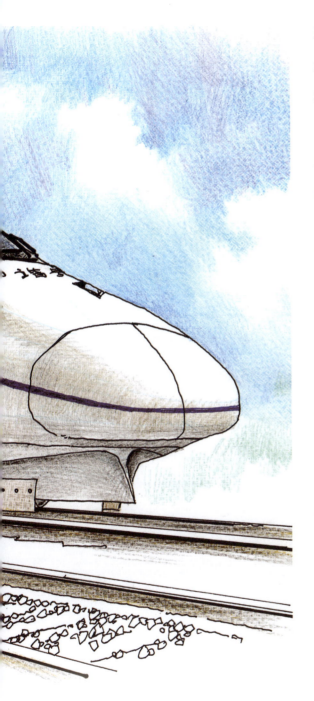

产新一代高速列车，最高运营时速达到 380 公里，持续运营时速 350 公里。

由此，中国高速动车组制造产业链迅速形成。中国高速列车作为现代高新技术的集成之作，其中独立的技术系统超过 260 个，零部件数量 10 万个以上。最初动车组制造企业跨 12 个省市，直接参与的较大型企业有 140 余家。很快，生产动车组零部件的核心企业超过 100 家、紧密层企业达 500 余家，覆盖 20 多个省市，中国高速动车组制造产业成为我国具备全产业链国际竞争优势的战略性新兴产业之一。

值得一提的是，纵横交错、环境复杂的中国高铁网，为高速列车技术创新提供了丰富的研究、试验、运行闭环研发条件。从京津、武广、郑西、沪杭、京沪、沈大高铁，到沪昆、兰新、海南环岛高铁，每一条新线路的开通，都是一个新的试验环境，都是对自主创新成果的验证。国外绝对没有这样丰厚的高铁线路条件。国产系列高速列车经历多种高铁线路条件、多种自然环境的考验，不断提升质量，表现卓越。

 ## 350 公里新时速

  时速 350 公里，是世界高铁的最高运营时速。这一新时速是由唐车公司设计制造的 CRH3 型动车组最先创造的。

  唐车公司是一家有着 140 多年历史的老牌机车制造厂，其历史可以追溯到唐胥铁路修理厂。1881 年，中国第一台蒸汽机车——"龙号"机车就诞生在这家修理厂。这家修理厂在 20 世纪 30 年代曾经是全国设备最先进、生产能力最强、近代化程度最高的铁路工厂。1998 年，唐车公司的前身唐山机车车辆厂（以下简称唐车厂）曾与其他几家企业联合，研制出了时速 200 公里的动车组，取名"大白鲨"。1999 年 9 月 27 日起，"大白鲨"在广深铁路开始载客试营运，每天来往深圳和广州东两次。至 2002 年，由于可靠性差，耗电量高，"大白鲨"动车组停运封存。

  2004 年 4 月，国务院召开了关于机车车辆装备现代化的会议，提出中国要用两年左右的时间，把铁路时速由 160 公里提高到 350 公里。

突然要实现这么高的速度存在很大困难，除了牵引、制动等核心技术领域跟不上，国内其他配套的工业基础也没发展起来。事实上，日本在 1964 年把铁路时速提到了 210 公里后，此后的 30 年间，时速也就一直在 250 公里左右徘徊。

同年 7 月 28 日，200 公里动车组项目进行第一次招标。当时的唐车厂只是一个中等水平的客车车辆制造厂，由于没有一条像样的铝合金车体生产线，未被允许参加招标。

尽管如此，唐车厂还是买了标书，做了方案，并组团去国外考察高铁技术。考察后，唐车厂瞄准了德国西门子的高铁技术。就当时的国际市场而言，西门子技术平台是最好的，不仅技术稳定，而且技术升级的空间也很大。此时，西门子正处低谷期，它之前参加铁道部的第一次招标，由于开出天价技术转让费而被淘汰出局，正试图卷土重来，这就让唐车厂有了意外收获。

2005 年 6 月，铁道部进行第二轮招标，西门子再次参加。唐车厂坚定了与其合作的决心。在与中国几家实力强劲的机车制造商进行技术、人员的几番博弈后，德国人来到了唐车厂考察。

在此之前，唐车厂就开始着手准备。那时候做的是碳钢车，而高速列车需要铝合金车体。唐车厂毅然投资了 3 个多亿，建起 5000 平方米的新厂房，做生产线的准备。为弥补技术成果的缺失，又买来"中华之星"的铝合金型材，自己焊了一个车体样品，摆放在车间内。

时任唐车公司总工程师孙帮成回忆道："没想到这种'临时抱佛脚'

的做法和'守株待兔'式的准备，让德国人频频点头，表示比想象中条件要好。"在第二次招标中，与唐车厂联合的西门子，不仅将原型车每列价格降了1个亿，还以低于原价四分之一的价格转让了关键技术。

2006年8月，西门子与唐车厂联合成立了CRH3型动车组研制项目组，共约140人，其中一半来自西门子，开始了时速350公里动车组生产。这一步，发达国家走了几十年，而中国人却在很短的时间实现。

2006年11月，中国北车集团公司决定将唐车厂的客车新造业务与长客公司进行资产重组，成立唐车公司。

尽管铁道部在动车组招标文件中明确规定：外方关键技术必须转让。但是，西门子对中国技术人员依然设置了许多"技术壁垒"。中方技术人员不仅不能了解其他车体制造的信息，甚至连中方参与设计的动车组的信息资料也看不全。并且德方规定，电脑鼠标只能使用左键，不能使用右键。也就是说，不能对资料进行复制、粘贴。

中方技术人员虽然也能参与车体的设计、画图，但是对中间技术酝酿的过程不清楚，有关技术来源的讨论，一般不让他们参与。用孙帮成的话来说，"核心的东西还是得靠自己悟"。

铁道部对高铁技术采取的是系统引进的办法，涉及技术、管理、供应诸多部门。按照以往"各自为政"的生产方式，唐车公司根本无法组织现代工业的系统化生产。于是，唐车公司专门成立了21个国产化推进小组，把技术、财务等各类资源，以CRH3型动车组的名义进行整合。在这个阶段，由于无法掌握技术，只能按照国外原创的技术去执行，照猫画虎。正是这种策略，保证了 CRH3 型动车组的顺利生产。

2008 年 4 月 11 日，首列国产时速 350 公里 CRH3 型动车组"和谐号"在唐车公司下线，采用 4 动 4 拖编组和电力牵引交流传动方式，最大牵引功率 8800 千瓦。中国铁路技术装备现代化这一重大成果，标志着中国由此跻身世界上仅有的能制造时速 350 公里高速铁路移动装备的国家行列。

CRH3 型动车组"和谐号"大批量投入运营后，在京津、武广、郑西等高铁线路上表现出良好的运行品质。很快，一个由唐车公司自创的时速 350 公里的技术平台搭建起来了，从设计到制造，形成了自己的技术体系。

与此同时，随着 CRH2A 型时速 200-250 公里动车组的上线运营，整车制造商四方公司、关键部件供应商中车株洲所和株洲南车电机公司等单位，也立即启动了时速 300-350 公里动车组的研制工作。新的研制工作对动车组的牵引性能、车体强度与模态、转向架等方面进行了系统提升与优化，突破了制约速度提升的关键技术。加之有了线路基础，仅用了一年多时间，CRH2C 型时速 300-350 公里高速动车组便研制完成。

在接下来的岁月里，唐车公司与相关兄弟企业通力协作，一直保持着良好的发展势头。

2020 年 12 月 23 日，国产世界首列时速 350 公里货运高速动车组在中车唐山机车车辆有限公司正式下线。它在全球首次实现时速 350公里高铁货物快运，显著提升了中国轨道交通装备的自主创新水平。

"CRH3C型"电力动车组

　　我是"CRH3C型"电力动车组,我的原型车是德国铁路的ICE-3型电力动车组,2008年,中国引进并吸收先进技术,将这款车型实现国产化,于是就有了现在的我。随着京津城际铁路于2008年8月正式通车运营,我也被正式投入运营,我的商用运营时速可达350公里,这也使得京津城际铁路成为当时世界日常运营时速最快的轮轨高速铁路。

这列具有中华鲟骨骼仿生形车头、银白红三色贯通车身的高速货运动车组，每节车厢侧面都有一对2.9米宽、全球最大开度的装载门，这是高速货运动车组区别于普通客运动车组最显著的外观特征。动车组外皮采用环保水性漆，具有绿色环保、无刺激性气味、无污染的特点，在长期应用过程中对人体和环境无危害，并且表面细腻、美观，硬度高、易清洁。

高速货运动车组　…

我是国产世界首列高速货运动车组，采用4动4拖编组。我的诞生标志着全球首次实现时速350公里的高铁货物快运。我能适应-25℃到40℃的环境温度，我的载重在110吨以上，货物容积达到800立方米，空间利用率高达85%。

 CRH380 联合行动

2008年2月26日，科技部与铁道部在北京钓鱼台国宾馆共同签署了一份《中国高速列车自主创新联合行动计划合作协议》，简称"联合行动计划"。这是科技部有史以来首次与一个行业共同构建国家级自主创新平台，其核心目标是，设计、制造和运营时速380公里的新一代高速列车。这个运营时速将比德国、法国最快的高速列车快60公里，比日本新干线快80公里，车辆的节能环保和综合舒适性会达到世界领先水平。

鉴于之前的跨国合作背景，"和谐号"动车组一登台便被不少媒体诟病为"舶来品"。有专家亦表示担心：中国高铁会不会由于外方不愿亮出"看家本领"，从而像有些产业一样，再度陷入"引进—落后—再引进"的怪圈？

这次"联合行动计划"是中国第一次全面系统、目标明确地开展高铁核心装备与系统研发，是真正的、卓有成效的联合与行动。涉及高速列车以及高铁全部关键系统装备，包括整车集成、空气动力学、承载系、走行系、传动和制动系、列车控制网络、牵引供电、关键材料及零部件、列车运行控制、高铁运输组织，共10个大项目。

就在"联合行动计划"签署半年后，科技部以"973""863"和

"科技支撑"三大国家科技计划项目的形式，下达了新一代高速动车组的科研任务。其中，"973"侧重空气动力学基础研究，"863"侧重车轮材料和检测技术研发，"科技支撑"侧重高速轮轨和列车研制。通过聚合创新资源，打造开放式创新平台。

在行动计划实施过程中，中国特有的"举国体制"优势发挥到了极致。该计划动员中国最优势的科技资源，实现政产学研用深度融合、协同攻关。2010年1月，科技部和铁道部组织中国铁道科学研究院等11所科研院所、西南交通大学等国内25所重点高校以及51家国家级实验室和工程技术研究中心，进行时速350公里以上高速列车技术创新及产业化研究，成功实施350公里动车组项目。该计划决定由四方公司、长客公司、唐车公司、青岛四方庞巴迪公司设计制造CRH380系列高速动车组。参与行动计划的科研工作人员共有1万多人，其中有将近70名两院院士，500余名教授或研究员，组成了世界上规模最大的中国高速列车技术创新"联合舰队"，这在铁路行业历史上前所未有。

"这种创新体系打破了部门、行业、院校、企业的壁垒，使我们可以把国内的创新资源整合在一起，既降低了创新的风险与成本，又加快了创新效率。"时任四方公司副总经理、总工程师的梁建英说。

时速380公里的高速列车，以接近飞机低速巡航的速度，成为当时世界设计运行时速最高的动车组。这个速度等级，没有先例可循，完全靠自主研发。

在科技部的主导下，作为新一代高速动车组的主导研制单位，四方公司联合 16 家科研院所和企业，成立了中国高速列车产业技术创新联盟。之后，他们又成立了中国创新设计产业战略联盟，由四方公司总工程师梁建英担任主设计师。

梁建英作为技术领军人物，带领一支上千人的高铁研发团队，承担了新一代高速动车组最关键的国家科技支撑计划项目——中国高速列车关键技术研究及装备研制。据了解，这是该公司成立以来经历的规模最大、难度最高的国家级科技项目。

集中力量办大事，自主创新的成果很快显现。这一联合行动计划的直接效果是，中国高速动车组研发设计、制造工艺、调试试验等技术获得迅速提升，在较短时间内，成功实现了动车组批量制造，被欧洲人称为"中国高铁革命"，交出了 CRH380 系列高速动车组这份优秀答卷。

20 种概念头型

中国西南腹地的成都，拥有一个全球顶级的风洞群，中国最尖端的火箭、飞机及与空气动力学相关的顶级产品，都会在这里进行风洞试验，验证产品设计的成败。

中国科学院力学研究所研究人员曾带着"高速列车空气动力学优化设计及评估技术"课题，来到这里进行风洞试验。作为"联合行动计划"

十大攻关课题之一的承担单位，中国科学院力学所曾为中国航天航空事业作出过重要贡献。

按照 1∶8 的比例缩小的高速列车测试模型被小心翼翼地吊装进来。这次风洞实验有动车组的减阻、降噪和运行安全等课题，科研人员希望动车组的气动阻力再减小一些。研发人员借助拥有 2836 个核的计算机机群，花费 4 个月，进行了超过 300 个工况的空气动力学仿真分析，取得了一系列的试验成果。

与航空飞行器相比，高速列车还要面临地面气流的扰动，两车交会时气体的激荡以及车体通过隧道时的气流变化，因此，高速列车的头型设计比飞机更具挑战性。

研发人员设计出了 20 种概念头型，通过仿真计算、不同环境的空气动力学试验和噪声风洞试验选出 8 种，改定 5 种头型做试验，选出两个头型作为备用方案，最后造出了"圆润光滑、线条流畅、形态饱满"的 CRH380A 型高速列车全新设计头型。该头型从结构上突破了核心技术，提高了抗风能力和高速下的安全性，更适合中国路线的运营环境。

仔细端详 CRH380A 型高速列车的外形，它与日本新干线机车的子弹头造型相比，其头型在波浪形楔形结构顶部，呈现出一个圆突形的旋转抛物面。据专家介绍，这个设计概念源自中国的"长征号"火箭。

CRH380A 型高速列车的头型设计，先后经过了概念设计、仿真计算、风洞试验、样车试制等研发流程，众多国内一流科研院所参与其中。

四方公司负责整体组织，主导完成方案设计、优化和制造；清华大学和北京大学负责侧风稳定性计算；中国空气动力研发中心负责空气动力学风洞试验；同济大学负责气动噪声风洞试验；中国铁道科学研究院、西南交通大学等单位完成实车测试。

诚然，最关键的不是"长相"，而在"性能"。风洞试验表明，经过调整优化后的 CRH380A 型高速列车头车各项性能表现优异：启动阻力减少了 6%，气动阻力降低了 15.4%，隧道交会压力波降低了 20%，明线交会压力波降低了 18%，气动噪声降低了 7%，均达到国际领先水平。

尤其值得点赞的是，车头两侧采用了一种叫作"导流槽"的设计，尾车气动升力被"导流"产生的向下压力抵消，接近于零，使得它就像一双强有力的手，牢牢地抓住钢轨，不让动车组飞起来。

在此后的上线试验中，CRH380A 型高速列车在京津、武广、郑西、沪杭、京沪等多条高铁线，累计进行了 450 多项仿真计算，1050 多项地面试验，2800 余项线路试验，相当于绕地球 50 多圈，共计 200 多万公里的行程，全面验证了新一代高速列车的各项技术性能。CRH380A型高速列车表现卓越，大获成功。

2010 年 5 月 3 日，上海世博会中国铁路馆开馆。摆放在馆前的一台美观大气的新型动车组特别抢眼，吸引着众多国内外观众排队与它合影留念。一个月前，这台 CRH380A 型高速列车在四方公司下线。经媒体报道后，CRH380A 型高速列车的流线型车头作为中国新一代高速列车的标志性形象被广为传播，被誉为"世界上最快的有轮子的火车"。

此时，距时速380公里的新一代高速动车攻关项目立项仅仅过去了两年时间。

2010年9月29日，国产CRH380A型高速列车在沪杭高铁线试运行。动车组启动后，仅6分钟时间便提速至300公里，13分钟后达到413.7公里，最高时速达到了416.6公里，仅用40分钟就跑完了上海至杭州间202公里的距离。两个多月后，CRH380A型高速列车再次刷新纪录，在京沪高铁线试运行中创造了486.1公里的世界轮轨新时速。

目前世界轮轨最高时速是574.8公里，这是2007年4月3日由法国最新型"V150"高速列车在行驶试验中创造的。但是，该速度是试验速度，是在特定条件下达到的极限速度。而京沪高铁线跑出的这个时速，是实际运营的动车组列车在运营线路条件下达到的最高时速。显然，后者在实际应用上更有意义。

2014年10月14日，"第三届莫斯科国际创新发展论坛"在莫斯科举行，时任中国总理李克强应邀出席。

在中国高铁展台前，时任俄罗斯总理梅德韦杰夫联想到了未来的莫斯科至喀山的高铁，他指着CRH380A型高速列车模型问李克强总理："中国的高速列车能否在高寒地区运行？"

李克强总理微笑而自信地回答道："当然能行。"一旁的中国南车副总裁王军告诉俄罗斯总理："2011年您参加博鳌论坛时，在中国海南岛高铁环线上就是坐的这款车。"

王军向梅德韦杰夫总理介绍道："以中国京广高铁为例，北京和广州温差在30℃~40℃，相对湿度差在60%~90%。冬天高速列车上午在北京'制热'、下午到广州'制冷'，一天会经历几十摄氏度的温差。中国高速列车特有的隔热保温材料和通风结构设计，解决了这一难题。"

梅德韦杰夫总理微笑着连连点头。

值得骄傲的是，CRH380A型高速列车拥有完全的自主知识产权，已申请专利181项，形成标准189项，研发团队将"话语权"牢牢掌握在中国企业自己手里。在CRH380A型高速列车基础上，中国又相继研制发出了CRH380AL、CRH380B、CRH380C、CRH380D、CRH380E等多个型号的新一代高速列车。

美国知名知识产权律师事务所曾应中方邀请对CRH380系列高速列车全部知识产权进行审计，最后结果是"该车型和既有发达国家高速列车技术知识产权之间不存在法律冲突"。这是中国第一代拥有完全自主知识产权、达到世界先进水平且大规模服役的高速列车。

第四章
强劲的"中国芯"

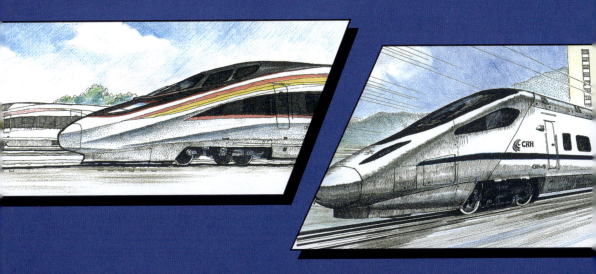

  "复兴号"动车组的动力非常强劲，从静止加速至时速 350 公里，仅需要 6 分钟。这是因为它有一个强劲而持续发力的"心脏"，即牵引电传动系统。这个系统的关键核心部件就是牵引变流器，它是高铁功率转换的必备部件，其核心是 IGBT 模块。

  一块巴掌大小的 IGBT 模块，掌握着动车组的"命脉"，操纵着牵引功率超过 10000 千瓦的电机群。这个电机群是陆地交通最强大的力量之源。IGBT 模块分为芯片、模块封装及应用测试三大块。其中芯片是最关键的技术，运用在高铁上，就叫"高铁芯"，因为是中国自主研发的，又叫"中国芯"。

"高铁芯"是高速列车牵引电传动系统的关键部件，享有现代变流工业"皇冠上的明珠"之誉。其性能在某种程度上决定了高速列车的动力品质、能耗和控制特性，也影响着列车的经济性、舒适性与可靠性。

中国铁道科学研究院机车车辆研究所所长张波通俗地比喻道："'高铁芯'就像人的心脏，主要功能是提供压力，科学地控制和传输电能，将电能合理地送至牵引电传动系统的各个部位。其直接表现就是'牛马特性'。"

"牛马特性"是高速动车组最重要的特性之一，即启动的时候像牛一样充满力量，高速运行时像马一样快速持久。

"高铁芯"技术被德国、日本等国垄断了近50年。日本三菱在2009年就已经推出了第六代IGBT产品，广泛应用于新能源、轨道交通等领域。

高速列车牵引电传动系统是由IGBT模块、传动装置和电机群组成的，包括牵引变压器、牵引变流器、传动齿轮箱、牵引电机及其相应的冷却装置。

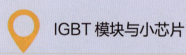

IGBT模块与小芯片

IGBT模块是一种新型功率半导体器件，中文名全称"绝缘栅双极型晶体管"。它是由双极结型三极管（BJT）和绝缘栅型场效应管（MOS）组成的复合全控型电压驱动式功率半导体器件，是能源变换与传输的核心器件，属于功率半导体器件第三次技术革命的代表性产品。

据专家介绍，每颗 IGBT 芯片的制造需要通过 200 多道工序，其中不少工序还涉及半导体、机械、电子、计算机、材料和化工等多门复杂学科的融合，目前在国际上能制造大功率 IGBT 芯片的企业可谓是少之又少。

作为电力电子技术的核心技术产品，IGBT 模块广泛应用于轨道交通、航空航天、船舶驱动、武器制造、智能电网、电力电子、新能源汽车等战略性产业领域，已经成为现在功率变流的"心脏"，被业界誉为功率变流装置的"CPU"、绿色经济的"核心"。

高速和重载是现代机车车辆装备发展的两个重要方向，两者的关键都在于给机车提供一个强大而持续发力的"心脏"——牵引电传动系统。而牵引电传动系统里，有一个由许多小芯片组成的 IGBT 模块，掌管着这个系统的"命脉"。

对于高速动车组来说，IGBT 模块的主要工作是控制和传输电能，决定驱动系统的扭矩以及最大输出功率，几乎和高速动车组的运行息息相关。它实际是一个高频率开关，可以处理 6500 伏以上的超高电压，工作时可以在短短 1 秒钟内，实现 100 万次电流开关动作，确保电流快速转化。它还可以控制并提供大功率的电力设备电能变换，快速自如地改变电流的大小及有无，有效提升设备的能源利用效率、自动化和智能化水平，保障高速列车动力源的正常供给。

具体来说，IGBT 模块可以直接控制高速动车组的直流、交流电的转换，决定驱动系统的扭矩以及最大输出功率。通俗地说，高速动车组采用的是交流电动机传动，通过改变电机交流电的频率来改变电机的转速，从而精准地控制车辆行驶的速度和加速能力，这背后都是 IGBT 模块的功劳。高速动车组要在短时间内将时速从零提升到 300 公里以上，或者在极短的时间内将正在高速行驶的列车平稳停下来。这看似简单的加速、减速过程，背后需要一系列相关传动设备、牵引变流器以及其他电动设备的配合才行，而且需要确保各种设备所需的电流、电压极为精准、可靠。在目前技术条件下，只有大功率的 IGBT 模块才能满足这一苛刻要求。动车组加速能力怎样，最高时速多少，能源效率如何，也全由 IGBT 模块掌控。而且在减速过程中，通过 IGBT 模块的作用，还可以将列车减速产生的能量转为电能回馈给电网。由此可见，用"高速动车组的'心脏'"比喻 IGBT 模块是十分形象、准确的。

我们知道，电脑想要做高速运算的话，需要 CPU。那像咱们高速动车组这样的驱动，也是需要一种器件去实现电流的变换，而 IGBT 器件就是高速动车组电能变换的 CPU。

据统计，我国发电总量的 60% 都用在了各类电机上。如果采用 IGBT 器件对电机进行变频调速，电机耗费的电能可以节约 1/3，即节约我国总发电量的 20%，相当于新建 5 个三峡大坝的效能。

"高铁芯"是牵引传动的核心部件，安置在高速动车组的"心脏"部位，类似于手机里的 CPU 芯片。它由一块块小芯片组装而成，负责对高速列车复杂的电力系统进行控制，是激活动车组动力的核心部件，能够科学合理地分配动力。

长期以来，IGBT 模块这一核心技术一直掌控在外国公司的手里。中国机车车辆用 IGBT 模块及其相关产品 99% 以上都要从德国、日本进口。特别是在高等级 IGBT 模块领域，更没有中国人的一席之地。2006 年 9 月，国产首列时速 200-250 公里高速动车组在四方公司下线。随着国产动车组研制生产的全面启动，IGBT 模块需求倍增。一列 8 辆编组的动车组就需要 152 颗芯片，成本高达 200 万元。每年中国需要10 万颗芯片，总金额高达 13 亿元。

以 7200 千瓦大功率交流电力机车用 IGBT 模块为例，一块 IGBT模块内共有 36 块芯片，每块小芯片只有指甲盖大小，厚度仅为人体头发丝直径的 2 倍，每块小芯片并联摆放 5 万个被称为"元胞"的电子单元。这些"元胞"相当于 IGBT 模块的"细胞"，它们能够在百万分之一秒的时间内实现电流的快速转化。芯片制造精细程度要求极高，程序、数据较为复杂，要在小芯片上均匀加工处理 5 万个细如微尘的"元胞"，难度无异于"在针尖上绣花"。

建于 20 世纪 60 年代的中车株洲所，从零开始，一直坚守国产电力机车电气系统的研究、设计、制造工作。2006 年，中车株洲所成功研制世界上第一只 6 英寸晶闸管，这是世界上直径最大、电流电压容量最大的晶闸管，使中国 80 万伏以上的超高压直流输电成为现实。

2007 年，国家相关部委曾联合下发了《当前优先发展的高技术产业化重点领域指南》，明确指出要重点鼓励发展 IGBT 项目，并将 IGBT 器件技术作为我国重大专项课题，投入巨资，集中力量进行研发。铁道部确立了"动车组关键技术自主创新深化研究项目"的重大课题，中车株洲所的 IGBT 模块研究、长客公司的 CRH5A 型高速列车牵引电传动系统和网络控制系统等，都是这一课题的重要组成部分。就在这一年的年末，席卷全球的金融危机为中车株洲所带来了机遇。

2008 年 5 月 28 日，株洲南车时代电气股份有限公司成功收购全球知名企业英国丹尼克斯公司（Dynex）75% 的股权。这家英国老牌企业是世界最早进行 IGBT 芯片技术研发的厂家，该公司有一条 4 英寸生产线，因缺乏资金和应用平台，发展较为缓慢。这年 10 月 31 日，两个公司共同宣布，英国丹尼克斯公司向中国平移技术，8 英寸 IGBT 芯片将在中国投产。

2010 年 5 月，中车株洲所在英国成立功率半导体研发中心，成为中国轨道交通装备制造企业首个海外研发中心，集中开发新一代 IGBT 芯片技术、新一代高功率密度 IGBT 模块技术和下一代碳化硅功率器件技术等前沿基础技术。中方派出了多批技术专家前往英国开展研究工作。

中车株洲所投入巨资，为英国丹尼克斯公司建成了他们多年梦寐以求的 6 英寸 IGBT 芯片生产线。随后，更多国内技术人员来到英国，新开发出多个 1700 伏以上高等级 IGBT 模块，同时，双方携手进行下一代高功率 IGBT 芯片技术的研究、生产工作。

引进、消化、吸收、再创新，兼收并蓄、取长补短，中车株洲所一举攻克了 30 多项重大技术难题，摘下了这颗现代变流工业"皇冠上的明珠"，建立起从 IGBT 芯片设计、制造、模块封装到系统应用的完整技术链，打破了国外垄断。

2013 年 12 月 27 日，来自中国科学院、中国工程院的 4 位院士及 10 余位国内知名专家齐聚中车株洲所。小小的银白色芯片，引发阵阵惊叹。

这是中国企业自主研制的第一款国内最大电压等级、最高功率密度的 6500 伏高压 IGBT 芯片。该成果总体技术处于国际领先水平、填补了国内行业空白，让中国在高端 IGBT 技术领域与国际先进水平接轨。

2014 年 4 月 3 日，装有国产 IGBT 芯片的高速列车牵引电传动系统通过了行业专家评审。同时，完全自主化的 CRH5 型动车组列车网络控制系统也通过中国铁路总公司组织的技术评审，获准批量装车，成为国内首个获准批量装车运行的高速列车网络控制系统。

同年 6 月 20 日，中国首条自主研发的 8 英寸 IGBT 芯片生产线，在中国南车株洲基地建造投产。中车株洲所成为国内唯一一家全面掌握 IGBT 芯片技术研发、模块封装测试和系统应用的企业。每一颗

IGBT 芯片的生产需要通过 200 多道工序，我们的技术可与世界顶尖公司的技术媲美，而我们生产的 IGBT 芯片的价格却远低于竞争对手。

IGBT 产品最具竞争力的生产线是 8 英寸和 12 英寸。能在国际上制造大功率 IGBT 芯片的国家屈指可数，眼下世界最为领先的厂商是德国英飞凌公司，该公司已经能够在 12 英寸生产线量产 IGBT 产品。

据悉，国产 8 英寸 IGBT 芯片生产线，初期年产 12 万片，配套生产 100 万个 IGBT 模块，真正实现 IGBT 的国产化。这不仅改变了中国在 IGBT 芯片领域受制于人的局面，同时也大大降低了产品在国际市场的价格。

2015 年，中国自主研发的高功率 IGBT 芯片首次走出国门，出口印度。境外媒体报道说，这是中国生产的 IGBT 芯片，地地道道的"中国芯"。

 "中国芯"上线

2014 年 1 月 16 日，青岛四方机车车辆股份有限公司高速列车系统集成国家工程实验室的试验台上，一列装有"中国芯"的银灰色超速试验列车，创造了时速 605 公里的试验速度，比当时线路上运营的动车组速度翻了一番。而且列车在试验台上将这一速度保持了 10 分钟，相当于它在地面上行驶了 100.8 公里。

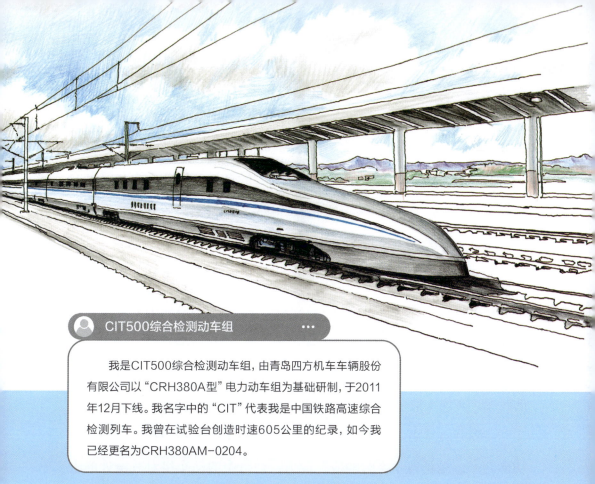

CIT500综合检测动车组 ···

　　我是CIT500综合检测动车组，由青岛四方机车车辆股份有限公司以"CRH380A型"电力动车组为基础研制，于2011年12月下线。我名字中的"CIT"代表我是中国铁路高速综合检测列车。我曾在试验台创造时速605公里的纪录，如今我已经更名为CRH380AM-0204。

　　参与试验的高级主任设计师李兵说："时速605公里是试验台上跑出的，不是在线路上的数据，实际的线路试验还需一系列的考核。"尽管如此，这列列车能被命名为"更高速度的试验列车"，强劲的电传动力量是其中的关键。

　　"从空气动力学上车与空气相互作用的角度来看，既要考虑地面对列车的强激扰，也要考虑到高速运行状况下气流对列车的激扰。波音737的巡航阻力系数在0.028，6节编组时速500公里试验列车整车阻力系数约为0.75，所以说使超高速列车在地面运行的技术比使飞机在天上巡航时的技术要复杂得多。"中国科学院力学所研究员杨国伟这样说。

2014年11月25日，配备"中国芯"的牵引电传动系统和网络控制系统的高速列车进入"5000公里正线试验"的最后阶段。起步、加速、通过弯道……这条贴地飞翔的"巨龙"，身姿矫健平稳，气势磅礴。

2015年1月27日，采用"中国芯"的CRH5A型高速列车，在哈大高铁进行了"30万公里正线运营考核"，取得圆满成功。这是国内首列实现牵引电传动系统和网络控制系统完全自主创新的高速动车组，标志着中国高速列车核心技术真正实现了由"国产化"向"自主化"的转变，实现了由"中国制造"向"中国创造"的跨越。

专家告诉笔者，装有国产IGBT芯片的CRH5A型高速列车的核心功能之一，是具备"实时响应"能力，运行中的动车组对其身处的永恒变化的外部环境及内部环境，都能做出极速而精准的反应。这种以微秒、纳秒为单位的超高速反应，能够将外界不断变化的数据及时反馈到动车组的"大脑"中，由大脑果断做出判断，指挥列车。

可以自豪地说，中国高速列车在看得见的器件上，体现了中国设计、中国制造和中国材料，在看不见的控制软件中，则奔腾着中国语言、中国逻辑和中国思维。"和谐号"动车组采用国产IGBT芯片后，每百万公里的故障率不到0.5件，远低于1.3件的国际通行标准。

事实上，IGBT芯片关键技术的突破，为中国标准动车组的诞生做好了关键技术和实践运用上的准备。"复兴号"动车组的核心系统牵

"CR300AF型"电力动车组 ···

　　我是"CR300AF型"电力动车组，是"复兴号"系列的成员，是一款最高运营时速为250公里的动车组列车。我采用4动4拖编组，属于动力分散型列车。2021年1月，我登上海南岛进行环岛运行，我原有银灰色车身变成了"海空蓝"，因此我也被亲切地称为"蓝妹妹"。

引变流器，由1152颗IGBT芯片组成，全部是由中车株洲所提供的。"株洲造"的牵引变流器、牵引电机这套全新的动力组合，悄然地把控着"复兴号"动车组的功率变换，为奔驰的中国高速列车提供强劲动力。

壮实的"二传手"

　　大家知道，排球场上必须有一位二传手，他在比赛中的作用至关重要。高速列车也有一位"二传手"，业界称之为牵引电传动系统。它把电网输送来的强大电能转换成机械能传递到车轮，驱动列车前进。

　　动车跑得快，全靠电机带，高速列车是靠电动机驱动前进的。动车组前进时，司机通过驾驶台上的控制器向牵引电机的控制装置发出牵引指令，控制装置按照指令控制牵引电机的输出转矩，通过同样安装在转向架上的减速齿轮传递给车轮轮对，车轮受驱动转矩作用后，在车轮与钢轨之间产生黏着力，钢轨对车轮的黏着反作用力形成轮周牵引力，所有动轮（牵引电机驱动的车轮）的轮周牵引力之和形成动车组的总牵引力，驱动动车组高速前进。

　　专家形象地告诉笔者，一个人具备了强劲有力的心脏循环系统，还需要健壮的四肢才能跑得快。也就是说，动车组有了强劲的动力源，还需要有强大的高端动力设备。

　　贴地飞翔的"复兴号"需要强劲的牵引动力。"复兴号"不仅仅要有大转矩，还对牵引电机的功率密度、噪声、谐波、电磁兼容性等性能指标要求十分严苛，这些是"复兴号"整车综合性能是否处于世

"CR400BF型"电力动车组原型车

我是"CR400BF型"电力动车组原型车，后来大家会叫我"金凤凰"，我于2017年6月被正式命名为"复兴号"。我名字包含了很多信息，比如"CR"是中国铁路的英文缩写，"B"代表了我的制造者，"F"则表示我属于动力分散型设计。

界领先水平的关键技术指标。

　　一节动车有两个转向架，一个转向架上常常安装有一台或两台电机。中国高速动车组为动力分散型，一列动车组有多节动车，多节动车组成了一个庞大的电机群。

　　以"CR400BF型"电力动车组为例，它采用14动2拖编组，一节动车有 2 个动车转向架，每个动车转向架装有 2 台电机，全列车共装有 56 台牵引电机，牵引功率达到 2 万千瓦以上。

在如此强的动力之下，列车加速到时速 300 公里只需 4 分钟，加速距离为 12 公里。加速到时速 350 公里只需要 6 分钟，加速距离为 22 公里。

高速列车，如果想要做到以最短的时间启动加速到时速 250 公里、300 公里以上，同时又要保证旅客获得最大的舒适感，需要牵引电传动系统和网络控制系统高智能地捕捉最高加速度与最舒适乘坐的最佳临界点。这种最佳临界点除了要神奇的 IGBT 芯片发挥核心作用外，还离不开动力设备、制动装备提供动力。

这些强劲的动力装备包括牵引电机、牵引变压器、牵引变流器在内的牵引电传动系统、高压系统等核心技术。其功能是为列车提供动力和能源，保障列车在复杂环境中运行得高速、安全、舒适。目前，我国具备自主设计、自主制造动车组核心动力的能力，成为世界上少数全面掌握这一技术的国家之一。

说到中国高速动车组的高端动力，就不得不提及中车株洲电机有限公司（以下简称株洲电机）研制的明星产品——YQ-365 型交流牵引电机。创造中国高速铁路"第一速"，时速 486.1 公里的"CRH380AL 型"新一代高速动车组，就是装备的 YQ-365 型交流牵引电机。

装备在"CR400AF 型"电力动车组"复兴号"上的 YQ-625 型交流牵引电机，同样由株洲电机自主研制，它牵引动力强劲，功率从

9600 千瓦提升到 10000 千瓦以上，大有雷霆之势。与之配套的 TBQ67–6300/25 牵引变压器，通过采用整体弹性悬挂、一体化层式绕组、本体与冷却系统一体化设计，实现了产品的小型化、扁平化、高舒适度、高可靠性设计，达到国际先进水平。2016 年 7 月 15 日，这套动力装备组合曾助力中国标准动车组跑出了"世界新速度"。两列中国标准动车组样车各自以超过 420 公里的时速，在郑徐高铁"激情相会"，成功进行了冲高交会试验。

　　2016 年年初的一天，中国标准动车组在大西线做联调试验时，试验团队报告说，动车组牵引变流器捕捉到一个异常信息，之前从未出现过。虽然没有造成任何影响，但偶然就是必然，必须找到根源，才能水落石出。

　　牵引技术研发团队直奔忻州西站的试车点。对于这个不速之客，研发人员只能守株待兔，把仪器设备全装上，所有人把眼睛擦亮，盯着仪器。而故障好像玩起了猫捉老鼠的游戏，在头两天里，竟然毫无踪迹。

　　锲而不舍，金石可镂。研发团队没有一个人放弃，晚上在动车库里测试，白天再讨论分析，确定接下来的测试计划。就这样一点一点地缩小测试范围，最后终于发现，是一个圆珠笔头大小的基础器件出了问题。一列中国标准动车组全长约 209 米，而这个器件只有 2 毫米，要找出这个故障，简直比大海捞针还难。

　　中国标准动车组研发项目启动后，株洲电机义不容辞地承担起了

"动力心脏"装备研制的使命与责任。2016 年 10 月 26 日，配备该公司研制生产的牵引电机和牵引变压器的中国标准动车组样车 CRH–0207，核心驱动部件运营全程状态良好，零故障完成了沈大高铁线 60 万公里运行的考核。

中车永济电机有限公司（以下简称永济电机）承担着高速动车组牵引变流器及其控制系统的设计、测试、驱动等一系列技术任务。2017 年 4 月，中国标准动车组样车在大西高铁试运行时，电磁兼容试验没有通过考核。结果显示：牵引变流器电磁噪声超标。研发团队成员没有退缩，他们采用"笨办法"来解决这一难题：准备近千个探头，埋在车体的牵引变流器里采集数据，然后再把收集到的数据建模，逐一分析，排查异常信号。

整个过程不允许间断，研发团队一边调整模型，一边观测数据波形图，最终圆满地解决了问题。由此，永济电机在牵引电传动系统的研发方面迈出了坚实的一步。永济电机研制的产品已覆盖我国 15 种型号的高速动车组，成为中国铁路主要的牵引电传动系统供应商。

关键组件之一的还有真空断路器。高压电路进入高速动车组，都要经过真空断路器的"把关"。这就好比家中的空气开关，真空断路器在电路不稳或列车内部元器件出现问题的时候，可随时切断电路，保护列车。"以前，这项产品全部都要依赖进口。"株洲庆云电力机车配件工厂有限公司总经理汤志强说。经过多年的技术攻关，汤志强的公司终于研制出各项性能指标达到国际领先水平的真空断路器，填补了国内空白，并成功替代进口，将该项产品的成本压缩一半。

众人拾柴火焰高。社会主义国家的体制优势，凝聚起"心往一处想、劲往一处使"的磅礴力量，攻克了高速动车组的一个个技术堡垒，展示出旺盛的生命力。毫无疑问，实现高速动车组核心部件的自主创新是中国高速铁路产业的战略选择，只有具备核心部件的自主创新能力，才能在国际竞争中占据主导地位。

掌握核心牵引传动技术，中国动车组得以御风"飞翔"。中国高速铁路从此告别"跟跑者"历史，驶向"领跑者"的新征程，这也意味着中国在复兴路上向科技强国又迈出了一大步。

第五章
聪慧的"高铁脑"

　　"复兴号"动车组时速 350 公里,即每秒向前飞驰近 100 米。而超强台风底层中心附近,最大风力的平均风速约为每秒 50 米。由此可见,高速列车的这一速度差不多是超强台风的两倍,我们用风驰电掣来形容高速列车是毫不为过的。

　　高速列车的速度之快,不可能靠人工瞭望、人工驾驶来保证行车安全。如何让飞驰的高速列车安全精准地停下来?如何确保前后两个列车之间的距离控制在安全范围之内?据测算,时速 350 公里的高速列车如果瞬间制动,需要减速滑行 6500 米。

　　科学实验证明，当列车时速大于 160 公里时，人的能力受限，必须装配一个叫作"列车运行控制系统"（以下简称列控系统）的设备，以实现对列车间隔和速度的自动控制，确保高速列车的安全运行。

　　有人曾打比方，如果高速列车没有列控系统，那么它就像是被发射出的一枚导弹，有去无回，后果不堪设想。中国高速列车列控系统以技术先进成熟、功能全面稳定、装备规模最大等优势，在国际上独树一帜，多项技术处于世界领先水平。

　　我们可以将列控系统称为决定高速列车运行表现的"定海神针"和安全"守护神"！

　　广义上讲，列控系统属于动车组的核心技术之一，包括网络控制系统、辅变装置、无线数据传输装置、轴温实时监控系统等在内的八大子系统。列控系统负责完成动车组上的高压、牵引、制动、辅助供电、车门、空调等的控制、监视，以及车上所有控制信息和故障信息的传输、处理、存储和显示，决定和指挥着高速动车组的一举一动，控制列车前进、减速、停车。

　　高速列车遵从"高可靠、高可用、高安全"的原则，当列控系统检测到任何可能影响列车安全运行的因素，都会自动采取措施，及时防止有可能发生的事故。这些措施包括设备故障切换、降级运行和减速停车等。总之，就是预判一切可能出现的不利因素，及时采取果断措施，避免发生事故和运营秩序的混乱。

一个完整的网络系统

　　一列高速动车组就是一个完整的网络系统，将各子系统设备连接在一起，提供可靠的数据通道，发布合理的控制指令，接受设备反馈的异常状况，实现对牵引、制动、辅助供电、空调、照明等各个子系统的统筹控制，并进行监视与诊断。司机的每一道指令，都是通过网络来落实的。动车组的前进、减速与停车，都是由网络来控制的。

　　譬如说，司机将控制手柄移至牵引位，牵引指令就通过网络传输到列车网络控制系统的中央控制单元，当被评估为有效牵引指令时，它就会启动牵引控制单元的驱动系统，然后带动电机，电机再带动齿轮箱，齿轮箱再带动车轮前行。还有列车上的空调、车门、照明等，几乎所有的系统都和网络系统有接口。

　　过去只有德国、法国、日本等少数国家掌握这项技术，它成为制约各国高铁发展的瓶颈，中国也不例外。在国家有关部门牵头下，中国铁路通信信号股份有限公司（以下简称中国通号）通过引进、消化、吸收、自主创新，完全掌握了高速列车运行控制这一核心技术，建立了中国列车运行控制技术标准（CTCS），实现了列车运行控制核心技术和产品的 100% 国产化，彻底摆脱了对国外技术的依赖。

　　2013 年 6 月，中国标准动车组项目正式启动，中国铁道科学研究院机车车辆研究所首席研究员赵红卫任中国标准动车组网络控制系统的总设计师。她带领团队组织协调中国通号、有关生产厂家开始列车网络控制系统的科技攻关。

列车网络控制系统的软件开发需要有一套仿真测试平台。赵红卫在网上向国外企业询价购买，要么石沉大海音信全无，要么明确表示拒绝报价和出售。赵红卫带领团队从零做起，从方案设计、画图实施到接线测试等，仅用一年的时间，就成功研制出高速列车网络控制系统半实物仿真平台，填补了国内该领域的空白，达到国际先进水平。

由中国通号研发的列控系统，采用的是 C3 核心技术，其中有两个关键设备，一个在地面，一个在车上。地面的叫 RBC，中文名字叫无

中国高速铁路无砟轨道，地面部分的无线闭塞中心系统

线闭塞中心系统，RBC 的功能就是让列车"该走的时候走，该停的时候停"；车上的叫 ATP，中文名字叫列车超速防护系统，是列车追踪预警装置，ATP 的功能就是连续不间断地对列车运行速度进行监督，实现超速防护。在本车与前车距离过近时，能够按提示、预警和报警三级实施语音提示，并将本车的相关信息传输给地面预警服务器，以供后车预警，实现车内车外联动，最大限度地增强安全防护。

中国铁道科学研究院机车车辆研究所所长张波告诉笔者，有了列车网络控制系统，还要有配套的列车制动系统，前者指挥，后者响应，形成列车控制系统闭环。

制动技术，也是动车组的核心技术之一。张波读硕士时学的就是制动专业，他和研发团队成员一起，按照中国标准动车组自主化要求开展制动系统全面攻关。以系统工程理论为依据，组织开展了从需求分析、功能分解、仿真设计、样机试制、系统集成、试验验证等一系列设计创新活动。首次实现了国内高速动车组制动系统的正向设计，建成了制动系统研发平台，突破国外公司的技术封锁，填补了国内的技术空白。

研发团队深入生产车间，对每个零件的入场检测、每一道安装工序，都做到密切跟踪、精益求精。为确保制动安全、万无一失，研发团队对制动系统进行过上百万次测试，增加大量安全冗余检测装置，仅轴抱死冗余检测装置就增加了一倍。这意味着即使个别车轴制动装置出现故障，也不会影响列车制动安全。团队成员焦标强介绍说："自主化制动盘的要求极为苛刻，100多公斤的盘体上，笔尖大小的气孔都不允许有。"

在高速列车紧急制动过程中，制动盘的最高温度接近700℃，制动闸片最高温度可达900℃~1000℃，其运用工况极为恶劣，产品开发和验证难度非常大。"和谐号"系列动车组引进之初，中国尚不具备高速动车组制动摩擦副产品的设计开发能力，相关部件只能由国外厂商供货。

为打破国外技术垄断，中国铁道科学研究院于2010年建成了最高试验时速500公里的高速1:1制动动力试验台。2018年6月，制动动力试验台通过国际铁路联盟（UIC）认证，成为国产高速列车制动系统自主化研制的大型核心设备、国际一流的先进试验研究平台，这意味着中国在高速动车组制动系统核心部件——盘形制动摩擦副的研发能力达到国际先进水平。

基于这座先进的试验台，中国铁道科学研究院机车车辆研究所开展了时速350公里"复兴号"大功率盘形制动摩擦副的研发和技术验证工作。研发过程中，制动动力试验台一直是满负荷运转，机器在转，人也不能停。试验技术人员从接到试验任务开始，就着手策划试验方案、制订试验计划。由于试验样件安装复杂且十分沉重，每次更换样件和试验工装时，试验人员都是汗流浃背，满脸油污。

研发制动系统阀类时，常温下达到了指标要求，但低温试验时，却遇到了大问题。零下40℃的低温，空气泄漏量超过了标准值的2倍。当时正赶上北京最热的天气，室外气温高达30℃，试验人员经常满头大汗地披上棉衣，冲进零下 40℃ 的低温箱更换部件，出来时头发已经结霜、冻得直打哆嗦。经过半年多的艰苦攻坚，终于摸索出了 30 多种不同密封结构的性能，使空气泄漏量达到标准且进一步降低到了标准值的三分之一。

中国标准动车组制动系统研发平台突破了时速 350 公里等级防滑控制技术，实现轮轨黏着状态自动追踪和有效利用，缩短了安全制动距离。从控制软件到阀类硬件，再到基础制动技术，该系统完全实现了自主化。

张波自豪地说："自'复兴号'动车组上线运行以来，从未发生过'冒进'和'擦轮'事故，这说明中国高速动车组制动技术达到了世界领先水平。"

2018 年，由中国制定、欧洲参与的"动车组直通式电空制动系统标准"，写进国际铁路联盟标准。这是中国第一个写进国际铁路联盟的制动标准。

高铁"千里眼"

当高速列车从眼前呼啸而过时，那种转瞬即逝的感觉让人们不得不发问：高速列车跑得那么快，司机能看清路吗？

高速列车的最低时速标准是 200 公里，且不说能见度低的雾霾天气，就是晴空万里的大白天，即使是视力 5.0 的司机，也不能保证正确识别地面的信号。当肉眼看到前面有障碍时，已经来不及作出反应了。

专家告诉笔者，目前，我国时速 300 公里以上的高铁线路不设置信号机，而是通过列控系统自动识别前进方向。其工作流程为，由铁路专用的全球数字移动通信系统（GSM-R 系统）来实现数据传输，控制中心实时接收无线电波信号，由计算机自动排列出每趟列车的最佳运行速度和最小行车间隔，实现实时追踪控制，确保高速列车的安全运行。当然，时速 200–250 公里的高铁线路仍然设置信号灯控制装置，由传统的轨道电路进行信号传输。

中国自古就有"千里眼"的传说，如今的高铁列控设备让古人的传说成为现实。

这里所说的"千里眼"，即高铁沿线的摄像头，几毫米见方的石子儿也逃不过它的法眼。通过摄像头实时采集沿线高速列车运行的信息，一旦出现故障或异物侵限，高铁调度指挥中心监控终端的界面上就会出现一个红色的框将目标锁定，同时，监控系统马上报警显示，调度指挥中心会迅速把指令传递给高速列车司机。

笔者曾多次走进高速列车驾驶舱，目睹了司机驾驶操作的全过程。驾驶舱简直就是一个大数据的聚集地，多路信息纷至沓来，支撑着高速列车的快速前行。

在驾驶舱正面的显示屏上，司机通过沿线摄像头信息采集系统，以超前的目光将线路上的各种信息"看"得很清楚，从容地驾驶列车，从容地应对一切突发事件。

高速列车驾驶舱

　　驾驶控制台上有一个黄色的按钮，控制台下有一个踏板，运行过程中，司机每隔一段时间（不长于 1 分钟，不短于 30 秒）就必须按下按钮或者踩下踏板，否则驾驶舱就会报警。司机告诉笔者，报警几秒后，系统没有检测到司机确实正常行驶的信息（或分神或打瞌睡），列车就会紧急停车。

　　驾驶舱内有一个名叫列车车载设备的电子眼，时刻记录着列车司机的一言一行，一旦通过电子眼看不到司机的驾驶情况，远程总调度系统便会启动应急预案，自动紧急制动。这个电子眼名为"电子检测系统"。

一路上，司机与调度保持着高频率联系，高速列车行驶过程中，调度中心会根据（包括摄像头）检测到的动车运行路况、车体信息，将调度命令实时传递给动车组司机，如动车组现在运行速度控制的范围、如何变更线路、何时停靠等，司机在听到调度命令后都要回应确认信息，再进行下一步操作。

由此可见，司机出现任何一个操作纰漏都会引起列车紧急制动。换句话说，高速列车司机一边被电子眼拍下一举一动，一边还要不时接收来自控制中心的信息指示并回应命令，同时还不能忘了间隔几十秒就要按下"无人警惕"按钮或脚踩踏板。

显然，高铁司机从事的是高强度作业，心理和生理都承受着巨大的压力，实在不易。然而，毕竟人命关天，必须运用智能化手段进行防范。

对于这种高强度的作业，铁路部门有一条规定：高速列车司机被强制要求不能连续工作超过4小时，长途列车在4小时之内就要停一次，更换其他司机驾驶。

地处全国路网中心的郑州通信段，担负着中国铁路郑州局集团有限公司管内几千公里干线、255个车站铁路专用通信设备的维护、养护任务，其中高铁线路上的摄像头就有4200多个。这些被誉为"千里眼"的摄像头，平均每隔3公里就有一个，能够全天候对线路和列车运行状态进行360度的实时监测。

来到庞巴迪实验室

在中国高速铁路发展初期，列控系统这一核心技术掌握在德国、法国、瑞典、日本等少数几个国家手中，就连中国首条时速 350 公里的京津城际高铁开通之时，其所装配的列控系统也完全是国外技术。

普速铁路是以人控为主、机控为辅，而高速铁路则是反过来的，以机控为主、人控为辅。列控系统实现了对高速列车运行速度的监督与控制，自动调整各列车间的追踪间隔，确保列车有序运行，避免追尾、相撞等恶性事故的发生。

早在 2000 年，铁道部就组织科研人员成功研制了 ZPW-2000A 型区间自动信号闭塞系统，改进并创新了国产信号调度集中行车指挥系统，在包括秦沈客运专线在内的众多线路上得到成功运用。

2007 年铁路实施第六次大提速时，中国通号就运用到自主研发的 CTCS-2 级（以下简称 C2）列控系统，但这个系统只能用于时速 250 公里的高速列车，无法满足中国高速铁路发展更高速度的要求。铁道部按照"中外联合设计、打造自主品牌"的顶层设计原则，决定引进欧洲 ETCS-2 级（以下简称 E2）列控系统技术平台，融合中国已有的 C2 列控系统，创造全新的 CTCS-3 级（以下简称 C3）列控系统，以满足武广高铁时速 350 公里的运行控制需求。CTCS 是英文"Chinese

Train Control System"的缩写，翻译成中文为"中国列车控制系统"。

随后，在武广高铁列控系统技术攻关中，中国通号在C2列控系统的基础上，吸引国际一流企业加盟，坚持"以我为主，联合开发"的策略，力争在RBC和ATP两大核心技术上实现重大突破。

铁道部由科技司司长和运输局局长牵头，成立了C3列控系统攻关组，中国通号成立了C3列控系统攻关实施组。两组坚持标准统一、安全认证评估和加快国产化等大政方针，强调C3列控系统一定要兼容C2列控系统功能，所有技术必须满足中国铁路需求。中国通号迅速调配资源，从研究设计院、北京信号厂、上海通信厂和沈阳信号厂挑选100余人组成C3列控系统软硬件攻关团队，下设系统及接口组、车载组、RBC组、实验室组、GSM–R接口组、国产化制造组等，各技术组下面配齐开发、集成、数据、测试调试和制造等专业技术人员。

中国通号研究设计院副总工程师、C3列控系统攻关实施组总工程师罗松有着丰富的C2列控系统运用经验，他与科研人员一起讨论交流，为C3列控系统的搭建做了大量基础性工作，并通过不断优化和修正，形成了C3列控系统技术标准体系初步方案。很快，中国通号C3列控系统软硬件攻关团队来到了瑞典庞巴迪实验室，联合进行新列控系统设计及主机软件开发。来访的中国研发团队中有一位名叫陈志强的工程师，他年轻好学，思路敏捷，表现出色，后来成为中国通号研究设计院安控院总工程师，一位响当当的列控行家，获得中国"最美铁路人"殊荣。

一踏上瑞典首都斯德哥尔摩的土地，陈志强和伙伴们就被眼前的旖旎风光和欧式建筑深深吸引，他们相约闲暇时，一定要到处走走看看，饱览北欧异域风情。然而，这个约定直到他们完成任务顺利回国，也没能实现。

进入庞巴迪实验室后，中国研发团队本想着按早已制定好的工作计划快马加鞭投入到研发工作中，可现实却给了他们一个"下马威"。

中国研发团队只有 5 个人，平均年龄才 20 多岁，平均年龄超过 40 岁的庞巴迪实验室的大牌工程师们对他们的到来不以为意，仅把他们当作初学者，每天只给他们讲解最基础的 E2 列控系统的理论知识，深层次的技术压根不让他们触及。最要命的是欧洲人的工作和生活习惯缓慢悠闲，每天上午 9 点上班，上午下午还各有一次茶歇，下午 4 点钟左右就下班了。中国研发团队本想加班学习，可下班后半小时，保安就会准时拉断办公楼电闸。

经过反复与庞巴迪公司交涉，几经周折后，终于获准下班后为中国研发团队单独保留用电。负责对接工作的工程师艾妮卡十分不解："你们为什么要加班工作呢？你看同期来合作的西班牙团队就很轻松，他们可是制定了 5 年的研发计划呢。"

中国研发团队与时间赛跑，如饥似渴，钻研学习。每天晚上中国研发团队实验室的灯总是亮着的，甚至经常通宵亮着。每天夜里，陈志强和队友们都会把当天的工作成果全部梳理清楚，然后提出第二天需要攻克的难点。C2 列控系统与 E2 列控系统首次联调对接时，发生人机界面与主机通信偶发数据丢包问题，陈志强急忙找到庞巴迪软件工程师斯达芬，希望双方能够共同对这一问题展开分析检查。

斯达芬很自信地对陈志强说："我们的 E2 列控系统已经运行很多年了，技术先进成熟，欧洲国家都在用，问题一定是出现在你们的 C2 列控系统里，赶紧去查吧！"

陈志强无话可说，默默回到了实验室。他与队友们忙碌起来，对 C2 和 E2 两套列控系统同时进行检测。这一忙，就是两个通宵。最后，在大家反复验证下，终于找到了问题根源，原来是庞巴迪的 E2 列控系统 TSG（列车信号网关）不支持非整字节处理导致的设计漏洞。于是，陈志强连夜将问题报告写好，顺便还将如何修补漏洞的办法与步骤逐一列了出来。

第二天，陈志强将格式工整的报告恭敬地摆到了斯达芬面前。斯达芬一手端着咖啡，一手漫不经心地翻阅着。突然，他的眼神严肃起来，放下手中的咖啡，盯着面前这位中国小伙子，然后郑重地点点头，向他伸出了大拇指。自此以后，庞巴迪技术团队与中国研发团队的配合越来越默契。在斯达芬的带领下，他们经常主动留下来与中国研发团队一起加班，将 C3 列控系统的研发节奏提升了一大截。一年多时间，他们经常通宵达旦地研究方案、设计软件、调试编码和进行场景试验，完成了 100 多万行各类代码编写，仅设计与测试文档就装满了 5 大箱。

2008 年 10 月，中国研发团队带着成功研发的、具有中国自主品牌的 C3 列控系统告别庞巴迪实验室时，艾妮卡感慨万千："没有人能在这么短的时间内研发出全新的系统，你们简直创造了奇迹，就像一个神话。"

　　陈志强微笑着告诉她："这不是神话，这是一种精神，属于中国科研人员的钻研精神和工匠精神，这是我们成功的法宝。"

 **"中国土壤"的生命力**

　　刚刚研发出来的 C3 列控系统就像一颗珍贵的"种子"，需要尽快适应"中国土壤"。中国研发团队告别了庞巴迪实验室，马不停蹄地赶回北京，配合仿真验证平台研发团队，迅速开发 C3 列控系统全场景、全功能测试环境，实现功能由点到面、线路由短到长、单车运行到多车追踪等各种场景及工况条件下的模拟运行，完成涵盖数据、接口和系统功能等上万案例的数十轮验证。

　　C3 列控系统技术原理是，以无线通信的方式，实现对长距离、大范围内时速 350 公里列车的安全可靠运行控制。每趟动车组的运行指令都由 RBC（无线闭塞中心系统）工区的服务器，通过光缆向高铁沿线的各个通信基站传送，并由通信基站将信息无线传递到运行中的动车组上，实时指挥列车运行。

　　设计理论是否正确，必须经过实践的检验。每天天刚蒙蒙亮时，一列列装载着 C3 列控系统车载设备的动车组迎着晨曦出发。在陈锋华所长的带领下，陈志强和队友们带上检测设备，准时登上武广高铁线当天第一趟试验列车，开启每天武汉至广州 4 个来回的列控系统检测工作。

细算一下，他们每天要跟着试验列车奔波 8000 多公里，相当于每 5 天就要绕赤道跑一圈，真称得上是科研界里的"环球旅行者"。

陈锋华是中国通号研究设计院副总工程师、列车控制研究所所长，主要负责 C3 列控系统技术攻关和管理，包括沟通协调和合同执行等问题。他敏感睿智，判断准确，决策果断，妥善解决了 C3 列控系统运用过程中的一系列"硬骨头"问题。团队人员都有这样一种感觉：在武广高铁现场，一看到有陈所长在，就会觉得一切都在掌控之中。

一上车，大家就进入了状态，像一尊尊活雕塑，双眼紧盯车载人机界面（DMI），耳中听着司机有节奏地喊着"律动"口号。如果在正常行驶的情况下，车载人机界面屏幕上突然出现"制动"指示，便立即启动应急处理程序，马上停车。软件工程师们会结合设备诊断记录，检查确认故障原因并将问题一一记录在案。

长时间、高强度的工作，对软件研发团队每个成员都是不小的考验。武广高铁全线穿越多条长隧道，实验列车上缺少保压减压装置，只要过隧道，车上人员都要忍受长时间的巨大耳鸣，比飞机起降带来的不适感更为强烈。一天下来，他们都会感觉手脚酸麻，脑袋嗡嗡直响。

高速列车的运行安全需要一套复杂理论和精密算法做保障。譬如说，如何测定列车的速度、位置等，这些都是列控的依据。C3 列控系统攻关人员在高速运行条件下，经过反复试验，终于完成了重新修改其控制模型的创新。在进入日趋紧张的收尾阶段时，眼看一切现场工作即将全部完成，主机突然出现了一次莫名其妙的死机。这下可让团队人员吃惊不小，因为所有检测和调试项目即将收官，武广高铁也开通在即，列控系统主机死机可是一个致命的隐患。

研发团队在动车组列车上反复检查代码，全力还原出现死机时的场景，还请求北京实验室连线进行远程测试。连续在车上熬了三个通宵后，终于确定是天气、环境、信号等极端组合条件下触发的死机问题。

在 C2 列控系统中，只要动车组发生故障就必须制动停车，但频繁制动会导致铁路运输效率的下降。技术人员通过潜心钻研，成功实现了 C3 列控系统与 C2 列控系统的兼容，这是整个 C3 列控系统集成创新的一大亮点。动车组运行中，如果 C3 列控系统出现问题，可以自动切换到 C2 列控系统控车降级运行。由于是无缝切换，不影响运营效率和乘客的舒适度。这一创新也使这两个等级线路上的列车可以轻松跨线运行，确保全路一张网运行。

武广高铁全线一共 9 个 RBC，每天跑车生成的数据达几万条，如果靠人工逐条检查哪条数据发生错误，工作量太大，而且还容易出现遗漏。对此，RBC 组人员开发了一个数据分析软件——RBC 记录分析器。起初在 C3 列控系统实验室做线路数据测试，9 个 RBC 线路数据的测试花费了 3 个月的时间，采用这个记录分析软件后，同样的工作量只需要一个星期就能搞定。同时，车载组人员开发了司法记录器（JRU）分析软件。可以把有关车载设备运行的所有信息都"记录在案"，从而为设备故障的分析和维护提供依据。武广高速列车运行控制的任何信息，都可以通过这个司法记录器分析软件进行查询，还可以"实时回放"。

在武广高铁忙碌奔波的一年多时间里，研发团队成员完成了从单项功能到多项功能、从低速到高速的现场测试，获取和分析了大量的数据，解决了一系列技术难题。

2009年12月26日，装载着首套中国标准C3列控系统的高速列车，在武广高铁正式开通运营。动车组开动了，凝聚着中国团队智慧的C3列控系统，就像一个神秘、灵动的"智慧大脑"，行云流水般向司机发出一条条正确的操作指令。高速动车组穿山越岭、呼啸而过……

列车顺利到达广州北站，陈志强顾不得下车，第一时间拿起手机，激动地向指挥部报告："C3列控系统全程运行稳定，G1001次列车安全正点到达终点站！"

C3列控系统在武广高铁的成功应用表明，我国首次通过无线通信的方式，实现了对长距离、大范围内时速350公里列车的安全可靠运行控制，超越了阿尔斯通、西门子等老牌外企，实现了不同速度等级动车组共线跨越运行，C3列控系统技术远远超过了欧洲水平。

2010年5月底，陈志强作为第一组C3列控系统推广调试牵头人，带队来到上海，开始进行沪宁高铁列控系统推广调试。然而，新问题来了。

沪宁高铁不算太长，但这条线路条件错综复杂，坡度变化点特别多，限速条件也是忽高忽低，对信号控制要求非常高。而且铁路沿线经济发达，民用设施众多，铁路信号常受到民用信号干扰，导致 C3 列控系统运行不稳定。要解决问题，就要找到沿线信号干扰源。于是，研发团队成员顶着烈日，拿着信号接收设备，在铁路沿线开始了拉网式大排查。就在大家按部就班努力向前推进的过程中，突然出现 ATP 车载系统死机的情况。沪宁高铁属于四电集成项目，一个子系统出现问题，就会直接影响整个大系统准时开通。经过分析排查，最终发现是特殊场景下，MRSP（最严格限速曲线）点变化较多导致。此后，C3 列控系统在沪宁高铁成功推广应用。

紧接着，京沪、沪杭、哈大等多条高铁线和这些高铁线上所有运行的动车组都顺利完成了 C3 列控系统的推广应用。一张巨大的高速列车控制网络，就这样迅速编织起来，树立起了一道道坚实的高铁安全屏障。

真正的 100% 自主化

在 C3 列控系统推广和维护过程中，研发团队清晰地认识到，C3 列控系统是借助外国软件平台，融合了中国 C2 列控系统技术和欧洲 E2 列控系统技术的产物，其系统的核心技术无疑掌握在外国人手中。很多关键元器件都要从国外购买，限制了我国进一步地扩展系统功能和推进技术改进，遇到紧急情况时，我们还要不断地向外方发出请求。

如何能够让 C3 列控系统实现真正 100% 自主化，这是萦绕在团队每个成员脑海中的一个重大课题。尽快研发出具有完全自主知识产权、更加先进、满足时速 350 公里动车组需求的列控系统，成为团队每个成员义不容辞的责任。研发团队将高速列车测速测距算法这一关键技术，作为第一个主攻目标。测速测距算法有着强大功能，可以实时提供列车的运行速度、加速度、距离、运行方向和空转打滑等诸多信息，可谓列控系统基础中的基础。

2016 年 7 月，研发团队来到大西高铁，进行自主化 C3 列控系统试验。可是，在实验室推演无误的测速测距算法，在现场测试便遭遇了"不准确"。如果不能计算出精确的列车速度，就不能推演出准确的列车位置，想实现安全控车就是一句空话。为此，大家无时无刻不在思考问题的根源和攻克问题的办法。

这天，陈志强例行检查列控设备时，竟然在雷达传感器上发现了问题。原来，过去大家仅仅是对设备是否损坏进行检查。这次陈志强突然意识到，如果雷达传感器的安装角度存在细微偏差，那就很可能直接影响雷达测速的准确性，进而产生速度跳变问题。

陈志强连夜组织大家调整雷达传感器角度，采集试验数据，从原理到算法再到代码，一步步严谨细致地分析，运用试验数据一遍遍复现白天列车的运行过程。很快，大家优化了测速测距算法，解决了由于雷达传感器安装角度偏差造成的问题。

第二天，试验车安全平稳地跑完试验，测速测距算法天衣无缝，团队成员一个个都是热泪盈眶。测速测距算法实现突破后，团队先后攻克了功能安全芯片设计技术、低功耗片上系统设计技术和先进封装技术等难题。此外，团队在车载热备技术上实现了创新和突破。

列控系统涉及的设备极其复杂和庞大，世界上任何一个国家的列控系统车载设备在实际运营中都会出现一些问题。而各国对于车载设备出现故障的通常做法是先停车，然后再启动冷备设备，待正常运转后继续开车。这种做法不仅浪费时间，直接影响整条线路的列车运行效率，风险程度还极高，容易造成乘客不必要的恐慌。

这天中午在食堂就餐时，陈志强与负责地面列控设备的同事坐到了一桌，两人边吃饭边闲聊。不经意间，陈志强提出了自己的技术困惑。同事听完开玩笑说：“你看，我们地面设备就能实现无缝切换，因为我们的备用设备采用的是热备方式。你想让车载设备无缝切换，把冷备换成热备不就得了！”

没想到正是同事的随口一说，触发了陈志强的灵感。他兴奋得赶紧组织人员对课题进行立项，按照车载列控系统双套热备的基本思路开始了研发攻关。

可毕竟这是一项世界性课题，说起来容易做起来难。他们一遍遍失败，又一遍遍尝试，简直到了废寝忘食的地步。历经数月，他们终于成功研发出全世界独一无二的“列控车载设备全功能双套热备冗余设计”，当车载设备各单元发生故障后，均可在不停车的情况下自动实时无缝切换到另一系统，大大提高了列控系统的可靠性，一举拿下了国家发明专利和国际专利。

经过几年的努力，中国列控系统研发团队以其超强的毅力和智慧，依托国外先进列控系统技术，结合中国国情，很快搭建起高铁信号技术仿真实验室平台，将高铁"智慧大脑"一步步推向科技的前沿和巅峰。经过 4000 多个场景仿真试验模拟，成功研制出中国列车运行控制系统，相继推出了 CTCS-1 级、CTCS-2 级、CTCS-3 级和 CTCS-4 级，满足了中国高铁发展的需要。实现了系统平台及关键技术、核心软件、成套列控装备 100% 自主化，申请发明专利 22 项，"让洋人牵鼻子"的时代彻底成为历史。

依据中国铁路技术标准规定，在时速 300 公里及以上的线路采用 CTCS-3 级列控系统。目前，CTCS-3 级列控系统已成功运用在京沪、京广、沪昆等多条高铁线上。

"复兴号"动车组上线运行后，其网络控制系统首次引入了高速以太网数据传输和网络维护技术，传输带宽由 1 兆级提升到了 100 兆级，可在 1 秒钟内记录 100 万个数据，让高速列车"智慧大脑"更加强健、聪慧。

由人工控制转变为自动驾驶，再加入智能科技，实现了对高铁全线智能控制，可以将列车追踪最短间隔时间由 3 分钟缩至 2 分钟，将极大地提升线路的行车密度，大大提高运输效益。

第六章
健壮的"飞毛腿"

　　2018 年 3 月 5 日上午，全国两会期间，北京人民大会堂中央大厅花团锦簇，秩序井然。

　　8 点刚过，10 位全国人大代表在工作人员引领下走到了麦克风前，开始与中外记者进行互动交流。四方公司转向架分厂的首席技师郭锐就是其中的一位。

　　年仅 41 岁的郭锐，享有"大国工匠"之誉。他的岗位职责是负责高速动车组转向架的生产。

　　郭锐形象地比喻道："转向架是高速列车的'腿'。一个人的腿如果很健壮，就会跑得很快。如果腿有了毛病，就麻烦了。尤其是在奔跑的过程中，腿出现了问题，就会非常危险。"

转向架是高速动车组的走行装置，它相当于汽车的底盘，整个系统由车轮、减振、传动、驱动电机、制动装置等组成，不仅负责支撑车体，还通过轮对实现动车组的牵引和制动，是决定动车组行驶性能、安全性和舒适性的关键部件。它决定着列车运营速度和运行品质。

转向架的技术含量极高，享有"飞毛腿"之誉。

用"飞毛腿"形容高速列车的走行部，包含强壮、快速、安全之意。

 ## 转向架是台"小车"

转向架是高速列车的"腿"，对于飞速行驶的高速列车来说，"腿"的重要性不言而喻。

什么是转向架？转向架是高铁车辆的一个专用名词，乍一听不好明白，实际上就是一台"小车"。这是一台由两个轮对、一个构架加上其他一些装置组成的"小车"，大小跟一辆普通轿车差不多，动车组车厢就放在这台"小车"上。由于可以自由直线或曲线行走，这种"小车"被称为转向架。

转向架虽然看着比较小，却安装有很多令人眼花缭乱的部件，如

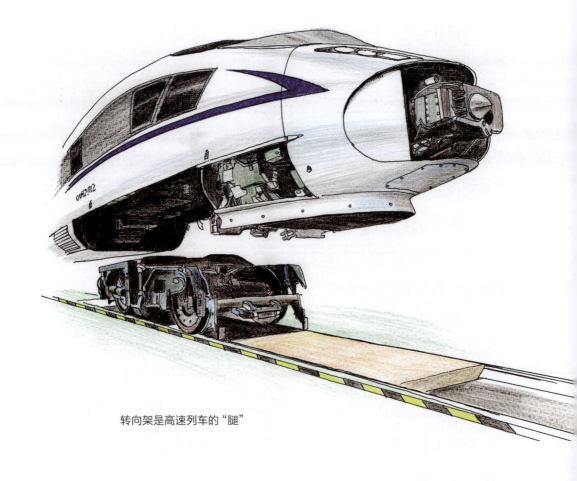

转向架是高速列车的"腿"

轮对、轴承、弹簧、减振器、横向稳定器、转向架架体等。如果是动车的转向架，还安装有牵引电动机、减速齿轮装置等。其中轮对是转向架的核心，它由车轮和车轴组成，承受列车的重量和牵引力；弹簧和减振器则起到缓冲和吸振的作用；横向稳定器则起到防止列车在转弯时侧翻，保证动车组在行驶过程中平稳和舒适的作用。

在高速飞驰的动车组中，转向架是与轨道直接接触的部位，位于轨道和车体之间。车体坐落在转向架上，转向架支撑着车体。转向架承载了车体的全部重量，并传递从车体至轮轨之间，或从轮轨至车体之间的各种载荷及作用力。

乘坐"复兴号"动车组时，我们会觉得车厢非常平稳，几乎感受不到丝毫的震颤和晃动。这一切得益于高速动车组九大关键技术之一的转向架。它承载着"复兴号"动车组的车体，发挥着导向、牵引、制动等作用。

列车是没有方向盘的，转向架的重要功能之一就是引导车辆转向，即拐弯。列车通过曲线时，转向架可顺着轨道转弯，就像是列车的自动方向盘一样，这大约就是"转向架"名称的由来。

高铁线路的轨距是固定的，呈曲线状时，两根钢轨会长短不一，外轨长，内轨短。车轮与钢轨接触的部分被称为踏面，科技人员将踏面设计成锥形，目的是解决轮对通过曲线的问题。当轮对通过曲线时，由于踏面有锥度，轮对向外移动后，外轨与车轮接触点的直径大，走行距离长，内轨与车轮接触点的直径小，走行距离短，这样高速动车组便可以顺利通过曲线。

由于转向架上两个轮对的轴距较小，加之车厢和转向架之间通过被称为"心盘"的支承点可以自由回转，使得较长的车厢也很容易通过小半径曲线。

在高铁技术日臻成熟的今天，专家们依然在感叹转向架技术之难。转向架技术难在哪里呢？难就难在设计转向架时，既要考虑防止列车高速运行时的异常振动——蛇形运动，还得兼顾车辆能够很好地通过小半径曲线。

高速动车组运行时，由于线路不平顺等原因，必然会引起各种周期性或非周期性的振动或冲击。再优质的高铁线路也很难保证轨道的绝对平顺，依然存在非常细微的起伏，导致车轮和钢轨之间产生垂向、横向的振动，速度越快，这种振动越剧烈。专家称，这是由于线路和轮对运动引起的列车"蛇形运动"。特别是当两列高速动车组交会时，产生的瞬间气流变化会导致这种振动加剧，使列车出现失稳，严重时甚至可能导致脱轨。

这时，转向架上的弹簧减振悬挂装置就会发挥重要的作用，缓和与消减这些振动和冲击，提高车辆运行的平稳性。为了避免出现"蛇形运动"的失稳现象，高速转向架通过采用轴箱弹性定位、空气弹簧、轴箱弹簧、各类减振器、弧形车轮踏面等装置，来保证在车辆运行速度范围内不出现"蛇形运动"。悬挂系统的结构、质量和各种参数，直接决定了转向架的平稳性。而转向架的品质，又直接决定着列车的平稳性和安全性。

转向架又分为动车转向架和拖车转向架。动车转向架除了支承车厢运行外，还担负着将列车牵引和制动力传递到车轮上的任务。转向架既是走行部分，也是驱动部分，对装配精度要求很高。

"复兴号"动车组采取全新的转向架构造、悬挂连接与牵引方式，以实现整体高强度轻量化设计，优化了转向架与车体之间的悬挂参数，具有安全舒适、线路适应性强、可靠性高、易维护的特点。转向架的合金钢构架、空心车轴、铝合金齿轮箱、空气弹簧、减振器等,装配精度控制在了 0.04 毫米以内。

由此可见,转向架主要具有承载、导向、减振、牵引、制动等功能,高速动车组要跑得快,离不开转向架这个"飞毛腿",它还直接决定动车组运行的稳定性和舒适性。

最佳轮轨匹配

科技领域与人类社会一样,都是在矛盾中求生存、在处理关系中前行的。

在高铁技术的各种耦合关系中,轮轨关系是最基础和决定性的约束关系。高速动车组依靠轮轨黏着产生牵引力和制动力,也依靠轮轨接触力获得垂直定位(支撑)和水平定位(横向导向)。

受轮轨关系制约,高速动车组在理论上的最高极限速度,很大程度上受限于蛇行临界速度。转向架技术涉及轮轨动力学、静强度分析和疲劳强度设计理论,需考虑轮轨关系与转向架结构和悬挂的最佳匹配问题。

采访中,四方公司转向架开发部部长张振先告诉笔者,为了找到中国标准动车组转向架最优弹簧减振悬挂参数,研发团队在数十种参数组合方案中比选匹配，对悬挂系统涉及的 20 多项参数进行了复杂的组合匹配，前后进行了 110 多项试制研究试验，通过建立计算机仿真动力学模型，模拟动车组在时速 0 至 385 公里乃至更高时速下的运行情况，设计了几十种参数组合方案，最终实现平稳性指标达到 2 以下，优于"小于 2.5 即为优级"的国家标准。

据悉，通过优化设计和不断技术创新，"复兴号"高速动车组转向架的失稳临界速度可以达到时速 500 公里以上。

当初，四方公司中标了 60 列时速 200 公里及以上动车组合作项目，引进日本川崎重工技术。日方派技术人员来四方公司指导组装第一列动车组转向架时，只告诉我国技术人员如何装配，不提及这样组装的原因、可能存在的问题和解决办法，对装配技术原理等守口如瓶。

我国技术人员边干、边学、边悟，终于破解了多个动车组转向架技术密码，制造出第一批国产动车组。然而，问题接踵而至，国外高速动车组通常采用 4~6 毫米轮轨间隙的限值，而国产高速动车组既要能在既有线路运行，又要能在高铁线上安全运行，就必须制订两种线路都兼容的轮轨匹配技术标准。

面对这一难题，四方公司技术人员建立起了精确的动力学模型，依据模型数据，确立了国产高速转向架轮轨匹配技术标准。在此基础上，研究人员围绕提高临界失稳速度、降低脱轨系数、改善平稳性三大指标，通过仿真分析进行了一系列迭代优化，完成了涉及动力学、结构强度、磨耗、润滑、温升等数十项分析计算，为国产高速动车组转向架生产奠定了理论基础。

2010 年 1 月 11 日，国家科学技术奖励大会在北京召开。由四方公司承担的"时速 250 公里动车组高速转向架及应用"科研项目，荣获 2009 年度国家科学技术进步奖一等奖。

获奖资料显示，CRH2 型高速转向架不仅突破了传统车辆动力学的单车和多刚体假设，发展了系统动力学理论，而且在高速转向架的减振悬挂匹配技术、保证结构安全性的轻量化技术上，均作出了系统创新。这项成果应用于京广、京沪等 9 条总长度共计 6003 公里的主要干线后，缩短旅客通行时间 30%~40%。

动车组的时速每提高一公里，对转向架带来的磨损都是巨大的。四方公司科技创新团队迎难而上，在 CRH2 型转向架基础上，着手 CRH380A 型新一代动车组转向架的研制，不仅在车轮材料上下足了功夫，还在超出标准限值载荷条件下，对转向架进行了多达 1000 万次的疲劳强度试验，通过反复的样机台架试验和整车线路试验，最终确定转向架的各项参数。

为防止转向架上的轴承因温度过高导致类似汽车的"抱死"等现象发生，设计人员在车轮、电机和齿轮箱的轴承上还安装了温度传感器，一旦超温，车辆控制系统就会自动限速。这些辅助装置，进一步保障了转向架的安全性与可靠性。

经过系统分析京津城际、武广高铁累计里程百万公里线路的跟踪试验数据，科研人员制定了国产转向架优化设计方案。据统计，在转向架的升级改造过程中，共开展了 45 项动力学及结构强度仿真分析，52 项台架试验，15 次线路试验。此外还给转向架安装了空气弹簧和系列减振装置，有效解决了在列车更高速度下运行的稳定问题。

试验结果表明：CRH380A 型新一代动车组在运行时速为 380 公里时，脱轨系数小于 0.1，远小于 0.8，安全裕量充足；客室振动舒适度小于 1.5，达到优级；"踏面接触应力"比欧洲标准降低了 10%~12%，安全系数则提高到了 2.7，部件疲劳寿命可满足 20 年使用要求。在速度更快的同时，转向架各项性能不但没有降低，反而得到大幅提升，整体技术性能达到了国际先进水平。

诚然，说 CRH380A 型转向架是我们完全自主研制的，这一点在国际上没有争议。

紧接着，中国标准动车组采用模块化设计的 H 形构架无摇枕转向架，强化结构及性能的安全冗余设计。另外，转向架统一采用 920 毫米的大轮径及磨耗型踏面，有效改善了轮轨匹配关系，优化转向架两系悬挂参数，降低簧下质量，减轻轮轨动力作用，提高运行稳定性、舒适性及结构安全性，实现轮对等主要部件的统型互换。

2015 年 8 月，科技部在北京组织专家对"十二五"国家科技支撑计划"更高速度等级动车组转向架关键技术研究及装备研制"项目进行了验收。由四方公司、北京交通大学、西南交通大学、同济大学等课题单位共同研制的适用于时速 400 公里以上速度等级动车组转向架样机，通过了台架试验验证，标志着中国高速轨道交通技术在时速 350

公里动车组技术平台的基础上，得到了进一步的提升与完善。

这得益于中国拥有世界上唯一的高速整车滚动振动试验台，历经台架试验、计算机模拟仿真、路试的千锤百炼，中国自主知识产权的时速 400 公里级高铁转向架横空出世，并让中国高铁平稳性评价标准领跑世界。中国标准动车组转向架就是在这台试验台上进行高速滚动振动试验才最终确定了悬挂参数，实现了最佳轮轨匹配。

试验数据表明，中国动车组采用了减振性能良好的高速转向架，车体振动加速度小、振幅低、噪声弱，平稳性指标达到国际优级标准，较好解决了列车空气动力学、轮轨关系、车体气密强度等技术难题，提高了列车进出隧道、高速交会时的安全性和舒适度。

2016 年 7 月，中国标准动车组在世界上首次实现时速 420 公里交会及重联运行试验，高速转向架表现卓越。一流的高速转向架搭配一流的高铁线路，就有了我们在飞驰的"复兴号"高速动车组上看到的"杯水不晃""立币不倒"的神奇场景。

"技能大师"的力量

设计与制造是一对"双胞胎"。

谈及"复兴号"动车组转向架的制造工艺，就不得不说四方公司的"技能大师"郭锐。

郭锐告诉笔者，一台转向架有上千个零部件，装配数据达上万个，装配精度以微米计算，每个部件必须追求完美，"复兴号"动车组跑起来才会安全、平稳。

想当年，四方公司在引进日本川崎重工动车组技术时，转向架上有个装置叫作车轮踏面清扫器，在列车低速运行时，车轮踏面清扫器用于清扫车轮与钢轨接触面上的杂物，同时对车轮踏面磨耗进行微量修复，保证动车组安全运行。其装配工艺程序是：先将清扫器预组在制动夹钳上，再安装到转向架上。川崎重工的工人组装完清扫器，交车试验时性能良好，而四方公司员工按照同样的步骤作业将其组装到转向架上进行清扫试验时，清扫器却与车轮轮缘相互"抗磨"。

请教日本专家时，他们神秘地笑了笑："我们的组装技艺已经形成了一种肌肉记忆，这是一种只可意会不可言传的'感觉'。"

当时，郭锐只是转向架车间的一名技术工人，他对日本专家的说法很不服气。通过仔细观察，郭锐发现清扫器与风管、螺栓等很多零部件组装在一起后，因受力发生变化，安装角度出现倾斜，导致装配后性能不良，形成了"抗磨"。如果提前计算出最佳的倾斜角度，再依据这个角度进行装配，即可解决这个问题。郭锐设计并制作了"回转式踏面清扫器安装检测工装"，问题得到了解决。

　　开口销是转向架上使用量较大的一种配件，一个工人一天大约要安装上千个开口销。安装一个开口销需要用到三、四件工具，锤子敲、錾子凿、钳子夹等，不仅安装效率低，还容易出现螺栓螺纹损坏、开口销扭曲变形等现象。郭锐悉心钻研，对钳工常用的扳手进行改造，设计制作了"转向架劈开口销专用扳手"，员工拿着这一把扳手，在极短时间内就能安装好开口销，工作步骤简化了，生产效率提高了，还保证了螺栓、螺纹、开口销的"完整、完美"，降低了更换率，仅这一项就节约成本支出 130 余万元。

　　2012 年是中国标准动车组的研发之年。这一年，国产动车组进入到快速发展阶段，各类核心零部件的研发紧锣密鼓地加紧推进。也就在这一年，四方公司成立了"郭锐技能大师工作室"，任命郭锐为带头人。随后郭锐团队迎来了一项艰巨的任务——为中国标准动车组打造世界最高品质的精品转向架。

　　时速 350 公里的中国标准动车组，相比时速 200 公里级的"和谐号"动车组，其转向架轮对转速提升近两倍，对振动频率、振动载荷、路况条件等方面的要求更为苛刻，装配质量成为研发的关键难题。

　　郭锐带领技能团队夜以继日地进行现场试制，从尺寸检测、数据分析计算、装配工艺优化、性能试验分析、装配尺寸调整等方面入手，对每一个零件、部件的装配尺寸、装配精度进行验证。

历时一个多月，将拥有自主知识产权的中国标准动车组转向架成功组装完成，并对装配工艺进行了创新、优化与完善，每列动车组转向架的装配周期由 14 天缩至 5 天。

许多人认为，中国标准动车组转向架工艺要求高，属于"艺术品"级别，应该由电脑操控的机器人来完成。然而，在转向架装配中，最为精细的部分却必须由人工完成。例如转向架的定位臂，因贴合精度要求复杂，机器操作达不到标准，必须手工进行研磨。

在列车高速运行的状态下，转向架上的定位臂接触面要承受 30 吨重量带来的冲击力。如果说转向架是动车组的"腿"，车轮就是"脚"，定位臂就是"脚踝"。为了保证安全可靠，必须保证定位臂与车轮和车轮节点之间有 75% 以上的贴合度。这种贴合度需要靠手工研磨才能完成。

经过机器粗加工后，留给手工研磨的空间只有 0.05 毫米，相当于一根人的细头发丝的直径。磨少了，贴合率达不到要求，磨多了，十几万元的部件就可能报废。由此，完成这项工作对钳工的技术水平要求非常高。

郭锐出手不凡，硬是将定位臂的贴合度手工研磨得丝毫不差。

中国标准动车组具有"纯中国血统"，它采用了很多新设计、新技术、新工艺，转向架上的分体式轴箱就是其中一项。分体式轴箱上共有 6 个螺栓，紧固次序组合多达 720 种，预紧力度组合更是不计其数。要找到最科学、最准确的装配方法，简直就像破译密码一样困难。郭锐带领他的团队，用了两天时间，进行分析论证，制定了90种装配方案。一组一组地试，一点一点地调，经过上千次的反复验证，终于找出了最佳的装配方案。郭锐与工艺师们一起将分体式轴箱的装配工艺固化为作业规范，员工按照作业规范操作，就可达到装配要求。相比于"和谐号"动车组的一体式轴箱，分体式轴箱分解组装、维修更加简单。出现异常时，不需将整个转向架完全分解，分体分解即可解决问题，工作效率提高了十几倍。

几年来，郭锐和他的团队共编制了220份作业要领书，确立了规范的工艺标准，被同事们誉为"复兴号"动车组转向架组装的必备"宝典"，形成了国产动车组转向架工艺标准体系。

中国标准动车组高速运行时，车轮一秒钟旋转36圈，列车一秒钟行进100米，真是一眨眼的工夫，就到了百米之外。直接驱动车轮高速旋转的零部件有多种，其中一个部件叫作齿轮箱小轴，它对组装后的轴向游隙要求极高，标准的轴向游隙只有0.02毫米，相当于人的头发丝直径的二分之一。

轴向游隙的测量精度一直是生产线上"有分量"的难题。按照工艺标准，测量轴向游隙时，要用扭力扳手施加很大的力气，将小轴下压、上提各保持一分钟以上，并且需要重复8次左右，若操作过程施力不到位，就会直接影响测量精度。

郭锐是轴向游隙测量的"老手"，曾在齿轮箱大轴游隙测量过程中发明了得心应手的专用工装，提升了轴向游隙测量的精度和效率。

但他并不满足，坚持精益求精，从"器"上升到"法"，研究创新了一套更先进的操作方法。这套新操作方法应用到生产现场后，让中国标准动车组转向架的装配品质得到进一步提升。

多年来，郭锐先后从事了时速 200 公里转向架构架研磨，时速 200 公里转向架正、反装，时速 200 公里、300 公里转向架落成、试验，还提议开发了 5 项装配工艺，申请了 5 项技术专利，解决了高速动车组制造中的多个技术难题。

2019 年年底，郭锐工作室"晋级"，正式成为国家级技能大师工作室。2021 年 2 月 23 日，又被中华全国总工会命名为"全国示范性劳模和工匠人才创新工作室"。

 "跑"出来的真功夫

类似高速动车组这样的多系统、大体量、高技术产品，制造工艺难度丝毫不亚于设计难度。如果没有良好的技术集成能力，没有可靠的试验平台，要实现国产化生产是根本无法想象的。从实验室仿真试验，到在高铁线路上试跑，百炼成钢，"复兴号"动车组跑出了一身真功夫。

几年来，国家发改委和科技部以四方公司为基地，相继建立起了高速列车系统集成国家工程实验室和国家高速动车组总成工程技术研究中心，加之中车株洲所已有的变流技术国家工程技术研究中心、中车机车、动车组牵引与控制国家重点实验室、国家级技术中心以及博士后科研工作站，四方公司已成为行业内国家级研发试验机构最多的国有大型企业。

四方公司高速列车系统集成国家实验室，是目前国内轨道交通行业实验设备最全的实验室，拥有整车滚动试验台、转向架疲劳试验台、电磁兼容试验台、制动试验台以及产品虚拟中心等。这座实验室不仅完善了高速列车试验验证体系，而且为中国高速列车自主研发能力的提升提供了重要支撑和保证。

"复兴号"动车组转向架是中国自主设计制造的，承载能力比"和谐号"动车组提升了10%，满足时速350公里及以上持续高速运行，实验室安全稳定试验时速达到600公里。它具有对轮对轴温、齿轮箱轴温、转向架横向运行稳定性等安全系统进行全面监测的功能，确保动车组安全、平稳运行。

从研发到制造完成，"复兴号"动车组转向架共经过28项仿真试验、16项试制试验和56项研究性试验。几年来，"复兴号"动车组先后在长吉高铁通过了时速250公里及以下速度级的线路动力学试验；在大西综合试验线，通过时速385公里及以下速度级的动力学试验；在郑徐高铁，完成了时速420公里的列车交会动力学试验，创造了动车组交会运行的世界最高速度纪录。

2015年8月中旬，中国标准动车组在哈大高铁进行了时速250公里等级线路试验，这是试验列车第一次在正线运行。夜间试验刚开始，动车组在曲线上发生明显的尾部横向晃动，尤其是经过半径 8000 米、9000 米、10000 米这些大半径曲线时，平稳性指标出乎意料地变差，列车尾部尤为严重。

转向架若有问题，将直接影响动车组的运行安全。试验团队人员心急如焚，立即组织分析数据。他们发现，平稳性指标上升是由于车辆意外出现了 1.3Hz 左右的低频晃动，这种情况以前从未出现过，难道与线路有关？应该采用什么措施来解决？如果不在时速 250 公里等级线路试验解决曲线横向晃动问题，后续的时速 350 公里等级线路试验只能停止。

研发人员静下心来，认真分析，圈定了三个原因：一是轮轨接触关系问题，实际试验线路的轮轨匹配或轮轨等效锥度不理想；二是以相对偏低的速度通过大半径曲线时，转向架的摇头频率容易接近车体的滚摆频率；三是车体与转向架间的横向止挡在结构设计上过于强调限位作用，在曲线上受压到一定程度后激化了车体的横向晃动。

中国铁道科学研究院试验团队和四方公司设计团队密切合作、争分夺秒，迅速研究形成二系横向止挡的结构和参数优化方案，科学完善了转向架结构，完成实物生产制造和全列新二系横向止挡的更换。10 月中旬，在哈大线进行的各速度级第三次试验，各速度级被试车的横向平稳性指标达到正常，问题得到完美解决。

在"复兴号"动车组的试验中，对故障实行"零容忍"，哪怕是发生像电闪一样一闪而过的细微故障，也绝不放过。这就是转向架研发团队的追求。与此同时，制造工艺上的精益求精，也是确保转向架高品质的法宝。

长客公司转向架制造中心焊接车间电焊工、中车首席技能专家李万君，长期工作在转向架焊接岗位上，他先后参与了我国几十种城铁车、动车组转向架的首件试制工作，总结并制定了 30 多种转向架焊接操作方法，技术攻关 150 多项，其中 37 项获得国家专利，代表了中国轨道车辆转向架构架焊接的世界最高水平。

时速 350 公里的动车组跟飞机起跑速度一样，转向架质量关系着旅客的生命安全。转向架环口要承载重达 50 吨的车体重量，因此它成为高速动车组制造的关键部位，并对焊接成型质量要求极高。

自 2015 年起，李万君带领攻关团队紧锣密鼓地开展"复兴号"动车组试制工作，当时没有国外技术可借鉴，一开始就遇到了困难。"当时我们生产 2 节车，4 个转向架，8 个扭杆座，关系到列车运行时每天上万次的摆动，刚开始焊 8 个扭杆座都不合格。"李万君回忆道。在后来的日子里，李万君带领徒弟们刻苦摸索，不断试验，最终成功突破了转向架侧梁扭杆座不规则焊缝等多项技术难题，保证了"复兴号"动车组转向架的高质量生产。

据旅客乘坐舒适性体验，我国制定了动车组平稳性指标评价标准，其中小于 2.5 为优级。"复兴号"动车组在线路试验中车厢的平稳性指标最大仅为 1.92，高于优等线。

第七章
"复兴号" 走向世界

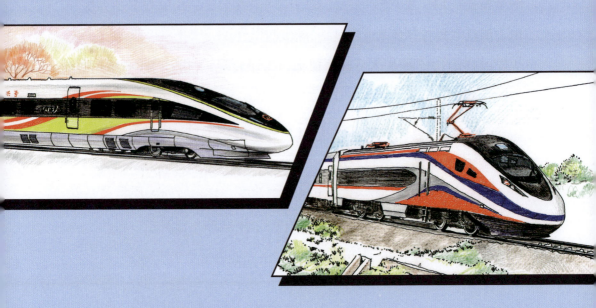

　　2017 年 6 月 26 日 11 时 05 分，"复兴号"动力组在京沪高铁线两端的北京南站和上海虹桥站双向首发，一个形似"飞龙"，一个神似"金凤"，分别担当起 G123 次和 G124 次高速列车值乘任务。

　　就在前一天，位于北京西郊的北京动车段喜气洋洋，一片欢腾。中国铁路总公司在这里举行命名仪式，中国标准动车组被正式命名为"复兴号"。这是一个时代的符号，从这一刻起，"复兴号"高速列车闪亮登场，标志着中国高速列车走在了世界前列。

　　2021 年 6 月 25 日，随着拉林铁路开通运营，"复兴号"动车组开上了雪域高原，至此，中国历史性地实现了"复兴号"对 31 个省区市的全覆盖。以"复兴号"为代表的中国高速列车，在应对复杂气候环境方面已"集齐"多个世界之最，展现着跨越 5 个气候带的强劲动力。

　　时任中国铁路总公司总工程师何华武表示："'复兴号'动车组实现了牵引、制动、网络控制系统的全面自主化，标志着中国已全面

"CR200J型"电力动车组　···

　　我是"CR200J型"电力动车组，由于我鲜亮的"国槐绿"底色，人们也常叫我"绿巨人"。从我名字中的"J"可以得知，我属于动力集中式列车。我也是"复兴号"系列的成员，时速为160公里。2021年，我首次在西藏亮相。

掌握高速铁路核心技术，中国具备设计制造满足世界各国不同需求动车组的能力。"

2020 年 10 月 28 日，中泰高铁（曼谷—呵叻段）项目签约仪式在泰国总理府举行，泰国总理兼国防部长巴育出席并见证签约仪式。泰方购买了 6 组 "CR300AF 型" 动车组，运用于中泰铁路一期曼谷—呵叻段。

👤 "LCR200J型"电力动车组 ···

　　我是"LCR200J型"电力动车组，也叫"澜沧号"，是一款在"CR200J型"电力动车平台的基础上，结合老挝当地运营条件进行针对性改进而来的动车组。我采用了红、白、蓝三色涂装，以对应老挝国旗的颜色。我由中国制造，在2021年10月16日，我成功抵达刚刚建成的中老铁路万象站。

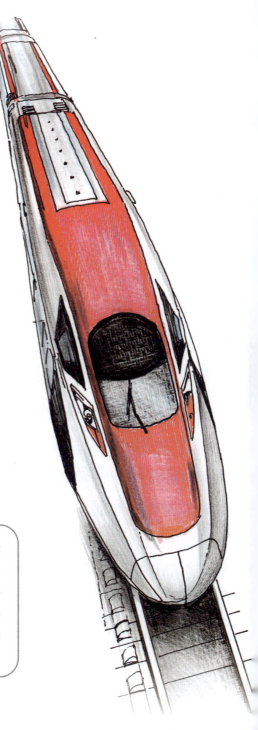

2021 年 12 月 3 日，采用中国标准的中老铁路全线开通运营。"复兴号"动车组中的"绿巨人"和"澜沧号"动车组分别从中国昆明和老挝万象始发。"澜沧号"基于中国先进的"复兴号"动车组技术平台，结合老挝当地自然环境、线路条件和本土文化量身打造，是中国"复兴号"技术和老挝文化元素的有机结合，标志着"复兴号"动车组正式走向世界。

2022 年 9 月 1 日晚，经过 11 天的海上运输，中国出口印尼用于雅万高铁的 1 列"复兴号"高

👤 **"KCIC400AF型"电力动车组** ···

我是"KCIC400AF型"电力动车组，是一款在"CR400AF型"电力动车平台的基础上，结合印尼当地运行环境和线路条件研制的高速铁路列车。我属于动力分散型动车组，采用8辆编组，总定员601人，最高运营时速350公里。2023年10月，我第一次从雅加达出发，开往万隆，标志着印尼迈入高铁时代。

速动车组和 1 组综合检测列车，从中国青岛港抵达印尼雅加达港。这是雅万高铁项目首批到达印尼的中国高速列车，其余 10 组列车也陆续分批次从中国运往印尼。

这是中国首次出口"复兴号"高速动车组。

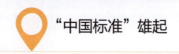

"中国标准"雄起

中国标准动车组，其意义在于"标准"二字。掌握标准意味着掌握了话语权，意味着具有行业影响力。谁主导了标准的制定，谁就掌握了这个领域的话语权和市场主导权。

在我们生活中，常常会听到欧洲标准、美国标准等。众所周知，在工业制造行业能够制定标准的必然是这个领域的领跑者。标准代表着制高点，一个新标准的确立，需要智慧、话语权和技术底气，更是一个国家实力的彰显。

从 2004 年起，中国相继从欧洲、日本、加拿大引进了 CRH1 型、CRH2 型、CRH3 型、CRH5 型等 4 个动车组技术平台，制造了 17 种车型的动车组，这些车型的技术来源不同，列车参数和技术平台标准不统一，使用时十分不便，甚至很是"尴尬"。

一次，一列在京广高铁运行的 CRH2 型动车组途中突然发生故障，需要临时更换动车组。等到备用的 CRH3 型动车组换上后，有 54 名旅客不干了，吵着要退票。原来 CRH2 型与 CRH3 型的定员不同，前者有 610 个座位，后者只有 556 个，换车之后，50 多名乘客没有座位，乘客当然不干了。

座位数不统一，这只是看得见的很小的一个"不统一"，看不见的更多。譬如说，不同车型的司机操控界面各异，影响司机的操作；不同车型的动车组不能重联；不同车型的零部件不能互换，动车组检修基地需要预备大量不同标准的零部件，不仅占地，还造成大量浪费。

于是，研制中国标准动车组被提上了议事日程。在中国铁路总公司的主导下，相关设计团队在动车组安全可靠性、智能化、节能环保等技术领域加大创新力度，并着力建立起成套的"中国技术标准"。这是迄今中国铁路史上最高级别的单个科研项目，被列入"十二五"国家战略性新兴产业发展规划。

专家称，建立起自己的高速列车技术平台，无疑是巨大的进步，但这远远不够，还必须建立起属于自己的高速列车标准体系。这是实现高速列车技术全面自主化的根本所在。

国外高速列车行驶距离一般只有 1000 公里左右，中国高速列车则在 2000 公里以上，适应这种国情、路情的高速列车标准当然与众不同。时任中国铁路总公司总工程师何华武认为，所谓中国标准动车组，即按中国标准组织研制的动车组，是中国国家标准、行业标准、企业标准的结合，是符合中国铁路运营环境和运输需求的高速列车技术标准。

高速列车是各种尖端技术的集大成者。中国标准动车组大量采用

"中国标准"，兼容国际标准，涵盖了基础通用、车体、走行装置、司机室及设备、牵引电气、制动及供风、辅助电气系统、车内环境控制、给水和卫生设备、列车网络、控制诊断和监测系统等方面。一切都是自主设计的，具有创新性、安全性、智能化、人性化、经济性等特点。

2013 年，时任中国铁道科学研究院机车车辆研究所科技管理部主任的张波，被任命为中国铁道科学研究院中国标准动车组总体技术及核心系统研发团队负责人。从此，张波团队全面承担起了中国标准动车组技术总牵头的重任，负责编制总体和子系统技术标准，组织技术方案研究，承担试验验证和运用考核等工作。同时，还承担了中国标准动车组九大核心系统中牵引、制动、网络三大核心系统的攻关任务及整车试验验证等多项重要技术工作。

张波解释道："通俗地讲，就是中国到底需要什么样的动车组，我们应该研制什么样的动车组。'中国标准'要为动车组研制明确方向和设计边界。"为此，张波带领研发团队走访调研了北京、上海、广州等几个重点铁路局，通过交流座谈、问卷调查和现场考察等方式，与技术、运营和维修人员充分交流，耗时 2 个多月，收集了多方面的需求建议和数据信息。

谈及中国标准动车组的技术标准，张波打了一个形象的比方："如果用时间来划分，2012 年以前是中国动车组的 1.0 时代，那么 2012 年以后，中国动车组就进入了 2.0 时代。以前我们都是'模仿'别人的车，这一次我们就是要打造完全属于我们自己的中国标准动车组。"

中国标准动车组研发团队要做的第一件事，就是要制定总体技术条件，规定设计边界，确定技术路线，即中国动车组技术标准。这项工作涉及面广、牵扯面大，要考虑动车组全部系统、807项关键技术的运用条件、总体要求、基本性能、主要参数，还要统筹设计、运用、维修、成本等因素，牵一发而动全身。由此，张波带领团队围绕中国标准动车组技术条件和技术方案，分别从总体和子系统层面展开了艰难的论证研究。

采访中，笔者特地翻阅了《时速350公里中国标准动车组技术条件》白皮书，这是一本约2厘米厚的A4页面大开本的书，在1000多项的技术条件里，中国标准动车组的每一个重要细节，在这里都有明确的技术规定。

笔者随手翻到"车上布置·一般要求"这一项：一等座席设置"2+2"布置的一等座椅，座椅间距为1160毫米；二等座席设置"2+3"布置的二等座椅，座椅间距为1020毫米；头尾车设置商务座椅，座椅间距为1965毫米。

这些是最简单的技术条件，也是无须争议的技术条件。但有些技术条件是需要进行严格的科学研究、论证的，由各个研究单位和厂方来共同决定。如"动拖比""无火回送自发电""主变压器配套冷却装置滤网冗余增大15%"等技术标准，都需要反复论证。

譬如说"动拖比"，即每列动车组动车与拖车的配比，它直接影响动车组整体效能的发挥，涉及动力冗余、再生制动能力、轻量化等方面，与牵引、制动、网络控制、转向架等主要系统的确定有重要关联。然而，如果统一动拖比标准，对于各生产厂家来说，必然要改变既有研发体系和生产流程，带来新的投入，这可不是一笔小账。最后，经刘友梅院士等专家审议，同意张波团队提出的建议，经报中国铁路总公司批准，最终确定中国标准动车组采用 4M4T 动力配置模式，即每列动车组 4 个动车、4 个拖车。

采访中，团队成员邵军回忆道："像这样制定中国标准动车组技术标准的会议，一年多时间里，项目技术组召开了 100 多次，仅互联互通这一个方面的技术会议就开了 60 多次。有关互联互通的协议文件，摞起来有半人高。"

在争议最大的技术条件里，还有"无火回送自发电""主变压器配套冷却装置滤网冗余增大 15%"等技术标准。

什么叫无火回送自发电？团队成员郭晓燕介绍，无火回送实际上是一种工作模式，通俗地讲，就是当动车组在出厂转运或是线路上运行遇到接触网故障，以及受电弓遭到异物击打损坏时，没有了电力来源，车上蓄电池容量有限，超过一定时间，动车组车上的用电设备，如空调、照明等就没法工作了。这时候就需要采用无火回送自发电技术，如联挂专门的发电车等。

张波设想，动车组上的牵引电机是可以实现能量双向流动的。当动车组无火回送时，只需要达到一定速度，动车组的牵引电机就可以自发电，满足车内照明、空调、卫生间冲水等用电，这样就不会引起旅客恐慌，尤其在夏天，不会让旅客乘坐"闷罐车"。张波认为，中国标准动车组是最先进的动车组，出于对旅客需求的考虑，技术标准中必须设置"无火回送自发电"功能。张波的建议得到大家认可。

张波讲了一个故事："2018 年 8 月 12 日，'复兴号'动车组担当杭州东至北京南的 G40 次列车，运行到廊坊至北京南间时，大风刮起线路边的彩钢板撞击动车组，导致运行中的动车组发生故障。在救援回送过程中，'无火回送自发电'功能发挥作用，列车迅速恢复照明、空调、卫生间等电源，没有引起旅客的惊慌和不适，平安返回车站。"

每到春季，中国华北地区杨柳絮满天飞舞，动车组动力设备的散热系统时常堵塞，滤网上的杨柳絮形成薄薄的一层，导致牵引电机发热，功率发挥受到限制，报警提示降速，最终造成晚点。

张波团队提出增加主变压器配套冷却装置滤网面积，确保当有效进风面积减少 15% 时，应仍能满足牵引变流器在额定功率运作下的冷却要求。事实证明，这项技术标准为"复兴号"动车组又添一分。往年春季，"和谐号"动车组跑京沪、京武高铁一个来回，就需清理一次。如今"复兴号"跑一个来回，仍然能满足机组 100% 的动力发挥。

相比国外，中国大部分地区雷电天气多，动车组车顶上的高压设备频繁被雷电冲击，很容易导致高压绝缘短路。在"复兴号"动车组标准中，原本暴露在动车组车顶上的高压设备改为下沉式，安装到一个密闭空间内，只有一个受电弓暴露在外面，同时将受电弓的抗雷电冲击标准从欧洲的可承受 150 千伏的雷电冲击，提升到可承受 185 千伏的雷电冲击，让动车组穿越雷雨时更安全。

就这样，经过了近一年的努力，张波团队对中国标准动车组的技术标准一项一项论证，一项一项优化，到 2013 年 12 月，完成了中国标准动车组总体技术条件和重要技术标准的制定。

在"复兴号"动车组采用的 254 项重要标准中，有 214 项是中国标准，占重要标准数的 84%。其中国家标准 42 项，铁路行业标准 53 项，中国铁路总公司企业标准 3 项，中国铁路总公司标准性技术文件 61 项，中国标准动车组统型技术条件 39 项，中国铁路总公司发文 15 项，主机厂企标 1 项。

2013 年 12 月，中国标准动车组技术条件制定完成。2014 年 2 月 14 日，中国铁路总公司颁发《时速 350 公里中国标准动车组暂行技术条件》，为中国标准动车组样车研制提供了设计依据。

不得不说，中国标准动车组"中国标准"的重大意义在于，每一项核心突破，都能拉动整个中国高速列车体系的升级。而一个个体系的升级，最终使得中国制造走向全球。

 将噪声降到最小

试验证明，随着速度的不断提升，高速列车的气动噪声会显著增加。所谓气动噪声，是由于气流流过车体表面引起的气流压力扰动产生的

噪声。当时速达到 300 公里时，高速列车的气动噪声已超过轮轨噪声成为主要噪声源。这样不但会让乘客的乘坐舒适性大打折扣，而且也会对铁路沿线产生严重的噪声污染。

专家告诉笔者，动车组降噪要从两个源头入手，一个是尽量遏制车体和自身设备产生的噪声，一个是防止各种外部噪声通过车体传到车内。

外部噪声即气动噪声，主要由空气与车体的摩擦声、受电弓与接触网的摩擦声及弧光放电声、轮轨噪声和动车组进出隧道产生的压缩波及反射波等形成。另外，动车组运行时自身设备也会产生一些噪声，例如，空调机组、废排机组、空气压缩机、变压器等设备运行时会产生噪声，甚至真空集便器在使用时都会产生很刺耳的噪声。只有在设计动车组过程中更加有效地降低各种噪声对乘客的影响，才能提高动车组的乘坐品质。

CRH380A 型新一代动车组的噪声已经很小了，且优于很多发达国家的高速动车组。在此基础上，哪怕降低 1 分贝，也是世界性难题。为了让旅客乘车感觉更舒适，中国标准动车组科研团队，即中国铁道科学研究院、中国中车股份有限公司以及相关高校科技人员共同携手，凝心聚力，顽强攻克高速列车噪声控制难题。

针对高速列车的主要气动噪声源——受电弓与转向架，科研人员积极组织课题攻关，建立受电弓、转向架气动噪声分析模型，取得数据，模拟试验，逐项改进。

　　四方公司技术团队前后探索了 3 年时间，光是隔音材料的对比试验就做了 3000 多次。为了获得一组准确的数据，技术人员常常通宵达旦，即使出现一点误差，整个实验都要从头再来。

　　降噪是个系统工程，刚开始制造工厂采取了运用最新降噪材料、加装吸音装置等措施，但降噪效果不明显。四方公司请来国内的结构、流体、材料等领域的专家共同会商。经反复研究发现，除了牵引变流器的电流噪声外，一些车载空调、风机等设备的吸气排气造成压差，也影响降噪。于是，他们优化和规范车载设备的降噪要求和设计，终于让噪声下降 1 到 5 分贝，超越设计目标。

　　针对牵引变流器产生的电流噪声，创新团队成立了专项攻关小组，白天动车组要运营，技术人员就开展程序验证和数据分析，晚上车辆入库，再开展地面验证，光是软件就修改和优化了 100 多个版本。通过努力，牵引变流器的噪声（列车低速启动时车外侧的噪声）控制在了 76~78 分贝，而国际竞争对手的这一数据却超过 80 分贝。"可别小看这几个分贝，它能让旅客在列车进站时不再忍受那么刺耳的噪声。"株洲中车时代电气股份有限公司副总经理、总工程师尚敬说。

　　研发团队还通过优化动车组结构，包括新型流线型车头、平顺化的车顶受电弓、全包形式的车端风挡等，应用新型隔声材料，进行降噪控制。"复兴号"与"和谐号"相比，仅车内噪声就下降了 4 到 6 分贝……

　　乘坐"复兴号"，你还会发现乘客相互间说话不用提高嗓门了，这是因为"复兴号"有一个非常优良的降噪指标。根据测试,当"复兴号"以时速 350 公里高速运行时,客室噪声最大仅为 65 分贝,远远优于 70 分贝的优等线。65 分贝是个什么概念?按声级分定,75 分贝为人体耳朵舒适度上限,70 分贝是街道环境声音。

当列车高速运行时,轮轨发出的噪声一部分通过车体结构传至车内,引起车体结构件振动而激发噪声;另一部分通过空气传播,从车辆的车门、车窗、风挡等缝隙直接传入车内,其噪声大小取决于车辆的密封程度。

整车气密性是高速列车的关键技术之一,也是一个世界性难题。

随着车速的提高,动车组在隧道和在明线上交会时,都会引起车外较大的压力波动,车外压力波动传入车内会引起空气压力波动,从而冲击司乘人员的耳膜,造成耳鸣、耳痛等症状,带来动车组内压力舒适度不佳的问题。减缓车内压力波动的主要措施之一,是采用气密性能良好的车辆。

列车在高速运行时,车体四周要不断承受正负气压。整车气密性是指列车完成事务状态和关闭列车与外界相通的所有开孔后,车内压力相对于车外压力变化的密封性能。如果车厢气密性较差,空气压力波就会通过车体缝隙进入车内,让旅客感到头晕眼花、耳膜不适,直接影响旅客的舒适度。

动车组车窗是保持车体气密性的重要环节。"复兴号"车窗除了采用高隔声中空玻璃的新结构外,车窗玻璃的固定安装和密封也充分考虑了噪声问题。车窗玻璃与金属窗框之间采用结构胶固定的方式；窗框与车体之间采用结构胶和螺栓的固定方式，螺栓连接采用橡胶垫片。这些措施都能有效低车外噪声向车内传播。

采访中，四方公司技术工程部高级主任设计师魏京利告诉笔者："'复兴号'的气密性设计，采取了车厢差压控制模式，可以根据车速快慢自动调整车内气压，气密强度从4000帕提升至6000帕，解决了这一难题。"

高速列车的气密性试验有一项重要技术指标，就是车厢气密度检测。其流程是通过控制气密试验台打开充气电磁阀，开始往车内充气。当系统检测到压力达到设定最高值时，系统自动关闭充气电磁阀，试验车辆开始自然放气。

通俗地说，车厢气密度检测就是在密封车厢输入4000帕大气压，检测该气压值降至设定值的时间。降压的时间越慢，车体的密封性越好。从4000帕降至1000帕的时间，国际标准是50秒，而"复兴号"则是250秒，比国际标准整整提升了5倍。

据了解，日本高速列车制造企业在测试两车交会时的车外气压时，通常采用在车身上打孔的办法，不仅影响美观，而且耗资很大。中国科研人员借鉴航天航空领域的先进成果，创新制作出一种拍式感压片。这种感压片只有硬币大小，将其贴在高速列车前部，便可测试两车交会时的气压波动。

随着高铁动车组技术的不断提升，舒适性成为一个很重要的标准，而车内降噪性能则是舒适性的重要指标之一。因此，中国标准动车组在设计过程中要充分考虑各结构降噪设计，降低车内外噪声、振动。提高乘坐的舒适性，成为高速动车组的技术发展趋势与追求。

　　一位旅客对笔者说，他多次乘坐国外的高速列车，总感觉头晕耳鸣的，乘坐"复兴号"却没有这种感觉。

响当当的"复兴号"

　　青岛乃高铁之城。

　　坐落于青岛城阳区的四方公司，以生产制造"复兴号"高速动车组名扬四海。在总装配厂，笔者伫立在"复兴号"高速动车组自动焊接生产流水线前，只见机器人乐此不疲地装配、焊接；沉重的钢铁构架如同一个个小玩具，被任意传送、翻转、输出……

　　据悉，四方公司的高速列车生产量占全国年产量的四成以上。每四天就有三列"复兴号"高速动车组从这里下线，开往祖国四面八方。

　　高速列车的速度正在逼近飞机。与航空飞行器相比，高速列车还要面临地面气流的扰动，两车交会时的气体激荡，以及车体通过隧道时的气流压力。因此，高速列车的头型设计比飞机更具挑战性。

　　"复兴号"高速动车组采用全新低阻力流线型头型和车体平顺化设计，车身以银灰色为底，辅以红色的"腰带"，车头更具冲击感，

👤 "CR400BF-Z型"智能动车组 ⋯⋯

　　我是"CR400BF-Z型"智能动车组，最高试验时速达到385公里，最高运营时速可达350公里，车长211.3米，能容纳577名乘客。我的流线型车头采用仿生学原理设计，优化了空气动力学，进一步降低了运行阻力和噪声。我的外观采用了"龙凤呈祥"主题，银灰色车身前有着"龙形"车头，尾部则有由"国旗红""故宫红"和"祥龙黄"三色组成的"凤尾"，寓意着"龙腾四海、凤舞九天"。

　　还未开跑就有"贴地飞翔"的架势。

　　四方公司提供的数据表明，一列"复兴号"高速动车组有1万多个组件，10万多个零部件，其中提供电力驱动、内核控制、信号传输的电线就有5万多根，接线点10万多个；一列高速列车的组装，需要大约4个月时间，参与人员多达700余人；一列高速列车出厂检验，总共有56000个数据需要确认，200项试验检测需要进行；检测调试大约需要20天，最后以零缺陷状态出厂交给客户。

　　高速列车设计制造涉及机械、冶金、橡胶、合成材料、电力电子、信息、计算机、精密仪器等多个高端产业，以及车体、转向架、总装、牵引电传动系统、列控系统等多项关键技术和配套技术。必须实现多产业、多技术的融合和多个部门的协调，才能保证高速列车的高质量、高水准。

采访得知，经过上百次仿真计算、上千次空气动力学试验、上万次线型测试，中国高速列车研发团队设计出了 30 种概念头型。通过仿真计算、不同环境的空气动力学试验和噪声风洞试验，定型 5 种头型做筛选试验，最后形成了"圆润光滑、线条流畅、形态饱满"的"复兴号"高速动车组全新设计头型。这种全新低阻力流线型车头设计优化了头型结构，提高了抗风能力和高速下的列车安全性，更加适合中国铁路路线环境。

高速列车的车体大都由铝合金等各类高性能金属板材焊接组装而成。"焊工是高铁生产过程中的重要工种，每一条焊缝都关系到列车安全。"中车首席技能专家李万君说，"哪怕有 1 毫米的误差，零件就会装不上去、合不严实。"

研发初期，数据传输的连接器中，芯体部位的 7 个金属针分布在直径仅有 5 毫米的圆形范围内，每一根"针"都要焊接到位，像是用焊枪在针尖上绣花。中车高级技师胡俊祥凭借多年来练就的"超密集环境电气焊接"技术，反复试验，实现部件合格率达 100%。

高速列车专家尚敬表示："'复兴号'是由中国自主研发的一款动车，就拿列车中的核心系统——由时代电气提供的列车牵引电传动系统来说，自主化率达到 100%，也就是说车辆从设计、软件开发到生产制造都是我们自己完成的。"

"复兴号"高速动车组实现了物理互联、逻辑互联和司机操作界面统一，实现了互操作。不同厂家生产的相同时速等级动车组能够重联运行，不同时速等级的动车组能够相互救援，使运营组织更加灵活，提升动车组的利用效率，降低运营成本。动车组牵引、高压、转向架、空调、网络、旅客信息系统等 11 个系统中的 96 项关键部件可以互相通用。

采用高效的牵引、制动系统，统一设置了合理的修程修制体系，"复兴号"适应长距离、高强度的复杂运行环境，适应温度横跨正负 40℃的运行需求，在多种工况条件下进行了 60 万公里运营考核，比欧洲标准还要严格。整车性能指标实现较大提升，能适应中国地域广阔、长距离、高强度等特殊环境。"复兴号"高速动车组的设计寿命达到了 30 年，而"和谐号"是 20 年。

"复兴号"高速动车组安装了数千个传感器，部署了 2500 余项监测点，比监测点最多的车型还多出约 500 个，建立起了强大的安全监测系统。像带着随车医生一样，能够对走行部状态、轴承温度、冷却系统温度、制动系统状态、客室环境进行全方位实时监测，为全方位、多维度故障诊断、维修提供支持。故障预测和健康管理系统，无论走到哪里都能和指挥中心的"家"实现实时互动，确保列车平稳运行。

在中国铁路运输调度指挥中心，采用远程数据传输，控制台屏幕上实时显示着动车组的运行位置、速度以及牵引电机电压等各种运行参数。同时，屏幕上还显示着动车组经过区域的风速、降雨量、是否地震情况等数据。

"如果列车出现异常，或风速过大、降雨过多，或地震报警，动车组能自动采取限速或停车措施。"中国铁道科学研究院研发中心常务副主任、研究员王俊彪说。他参与了"复兴号"高速动车组的安全防控系统研发，其所在团队研发出的地震预警系统为中国首创。

"复兴号"高速动车组设计遵循所有相关安全标准，包括防火、防碰撞、动力学等，采用高RAMS（可靠性、可用性、可维护性、安全性）

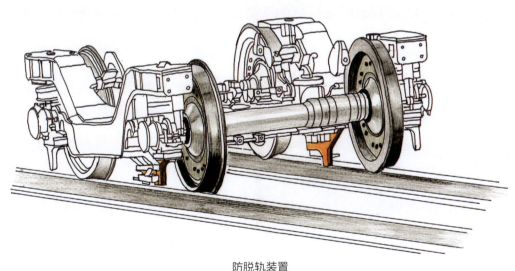

防脱轨装置

指标，充分提高列车可靠性。失稳检测、烟火报警、轴温检测、受电弓视频检测等安全防护措施也在其设计考虑范围内。

同时，"复兴号"高速动车组增设了碰撞吸能装置、防脱轨装置、防车厢与车架分离装置，当列车遇到极端情况时，碰撞吸能单元通过有序形变吸收碰撞能量，保障乘客区域不变形。同时还在轮轨上加载了防脱线装置，使动车在极端情况下，即使脱轨也绝不会脱线。

这相当于为列车加了一把"安全锁"。"复兴号"高速动车组的碰撞防护系统，设计吸能容量达6.8兆焦，这一指标达到国际领先水平。

由于"复兴号"高速动车组零部件国产化，大大降低了生产成本。一列8辆编组的"和谐号"出厂价大约2.1亿元，而一列8辆编组的"复兴号"高速动车组出厂价只有1.7亿元。

第八章
神奇的智能动车组

　　2018 年 4 月 23 日，全球首列智能动车组——京张智能动车组在北京亮相，中国正式打响了智能动车组第一枪。飞驰的"复兴号"升级版智能动车组，首次采用无人驾驶技术，开启了速度与激情的创新之旅，标志着中国高速列车在世界上首次实现了时速 350 公里的自动驾驶。2021 年 6 月 25 日，"复兴号"智能动车组在京沪、京广、京哈等高铁线路全面上线营运。

　　高速列车自动驾驶技术是智慧铁路和交通强国建设的利器，是世界各国轨道交通发展的趋势。由此，中国智能动车组走在了世界的前列。

　　"复兴号"智能动车组外观采用了中国传统文化中的"舞龙""飞凤"

等元素，寓意中国高速列车领先世界、造福人类的使命担当，寄托国家繁荣富强、人民幸福安康的美好愿望。列车两侧"镶嵌"的金色"复兴号"标志，使列车更加闪亮夺目。

2022年1月6日，新型北京冬奥版"复兴号"智能动车组正式上线运行。在这列北京冬奥列车上，依托5G技术打造的超高清直播演播室同步亮相。

全新的涂装让人们眼前一亮，以冰雪蓝为基调，配以飘舞的白色飘带的外观设计，处处体现着韵律和动感，在整体的蓝色中又点缀着若隐若现的雪花和运动滑雪元素，彰显了冬奥主题。鹰隼式车头伴着片片晶莹的雪花，一身冰雪蓝再配以飘舞的白色飘带，又是一条贴地飞翔的中国龙……

作为"复兴号"的智能升级版，它不仅具有更加优越的空气动力学性能和硬朗别致的外观，同时还有两个动听的名字。一个彰显中国特色，叫"龙凤呈祥"，车头模拟鹰隼；一个庆贺冬奥，叫"瑞雪迎春"，车头模拟旗鱼。它们都是采用仿生学设计，进一步降低了气动阻力，减少了能源消耗，提升了列车的绿色环保属性。

据张波所长介绍道，京张智能动车组的涂装在设计之初考虑的是既要体现中国特色、同时希望有一定奥运元素。龙凤呈祥，体现更多中国元素，看上去比较热情；瑞雪迎春，融合了冰雪元素，有一个蓝色基调，更具现代感。

由此，"复兴号"智能动车组开启了中国高速列车发展的新时代。

"CR400BF-C"智能动车组

　　我是"CR400BF-C"智能动车组，我身上这款涂装是专为2022年北京冬奥会而打造的，名叫"瑞雪迎春"。我共有8节车厢，配备了滑雪器材存放柜和5G超高清演播室。我的头部设计模拟了旗鱼的空气动力学形态，大幅降低了空气阻力。值得一提的是，我这款车型在世界上首次实现了时速350公里的自动驾驶。

ATO 系统

ATO 系统，简称列车自动运行系统。它是一个特大系统，包括车站、线路上安装的地面设备，动车组上安装的车载设备，还有在这些设备之间传递信息的通信系统等。

高速列车自动驾驶系统是指在既有列车运行控制系统的基础上，车载设置自动驾驶功能以实现自动驾驶，地面设置专用的精确定位应答器以实现列车精确定位和停车，从而大大提高轨道交通的运营效率。

目前中国高速列车都是在列控系统的防护下，由司机驾驶的。司机根据行车调度命令，依据前方信号显示和线路状况等信息，人工驾驶控制列车的启动、加速、减速和停车。操作由司机完成，安全由 ATP 来保证。

ATP 作为列车自动保护系统，其首要任务是实时监督列车的运行速度，并根据列车运行的限制条件，自动控制列车的制动系统，实现列车超速防护。也就是说，ATP 有两个功能，一是监督司机的人工操作，二是一旦人工操作失控，它马上履行自动控制职责。

早在 21 世纪初，全自动无人驾驶技术就开始逐步应用到汽车领域。可汽车毕竟整体小，行驶速度受道路交通管制不算太快，实现无人驾驶比较容易。但想让时速 350 公里的高速列车实现全自动无人驾驶，还要按照线路要求提速降速、准时发车停车、精准停靠到站，就连科幻片都没敢这么拍。

随着技术的发展，采用 ATO 系统设备来代替司机驾驶已经成为现实。在地铁上，已经应用了不少 ATO 系统。

2007 年，中国通号开始自动驾驶装备的自主研发工作，历时近十年研发，到 2016 年，终于在广东莞惠城际成功实现时速 200 公里城际铁路自动驾驶技术应用。这也是全球首次在运营时速 200 公里的铁路采用 ATO 系统。

2017 年，按照中国铁路总公司统一部署和"精品工程、智能京张"建设的需要，中国通号研究设计院集团公司安控院总工程师陈志强作为项目牵头人，带领团队聚焦高铁人工智能，开始了以自动运行系统为代表的智能高铁课题研发，也就是业内人士常说的 ATO 系统。

ATO 系统是在既有时速 350 公里列控系统（CTCS-3）基础上，增加列车自动驾驶功能的行业前端技术。显然，这两种技术不是简单地相加，而是多方面、全方位的升级与优化。

面对 ATO 系统这一全新课题，陈志强团队经过认真细致的分析研究，将难度较大的乘车舒适度和停车精度作为智能化列控系统研发的突破口。虽然在实验室对各项指标进行了反复验证，但是现场测试才是决定成败的关键。来到现场后，陈志强团队成员都选择站立姿态，来体验最直观的乘车舒适度，精确感受自动驾驶的列车运行是否平稳。他们发现列车每次进出分相区时，车体总会略微晃动，这是由于列车在分相区内不能从接触网取电，失去牵引力，出分相区时，自动驾驶设备又突然给列车施加牵引力，出于惯性，列车产生了晃动。尽管这是供电"过分相"难题所致，但陈志强还是尽力从列控系统上想办法，采取逐级切除和增加牵引力的方式优化软件，将"过分相"的影响减小到最低程度。

一次，在测试动车组精确停车位置时，实际停车精度始终与理论推导存在 20 多厘米的偏差。可别小看这 20 厘米，动车组列车的门是单向门，比较小，如果站台加装防护门，里外两个门之间存在的 20 厘米的偏差就会影响乘客手中大件行李的搬运。

陈志强带着研发人员来到动车库、车站站台，测量定位应答器的安装位置与设计值是否有偏差，终于发现了问题的症结。原来从实验室仿真模拟到现场测试的移植过程中，为了减少嵌入式处理器的计算量，测速测距算法仅保留了小数点后两位的精度，这就造成了微小的误差。虽然每 20 毫秒的误差仅有不到 0.01 厘米，但在靠站停车的几十秒内，这种误差就能累积到 20 多厘米。陈志强提出了一套系统自适应智能控制算法，将停车精度控制在理论推导范围内。

走进中国通号设立在北京的"轨道交通列控系统综合实验室"，银屏闪耀，数据跳跃，一片繁忙。这个全球高速列车仿真规模最大的实验室，累计积累的案例超过 34000 个，超过国外企业总和，成为我国高铁建设的宝贵财富。这里能够同时开展 2000 公里高速铁路、1000 公里城际铁路、100 公里地铁、5 个铁路大型货运编组站的综合仿真测试，并为基于北斗导航的下一代列控系统、智能综合运输系统、时速 400 公里及以上的列控系统等行业引领性、前瞻性研发，提供试验和测试平台。

2018 年 6 月 7 日，陈志强团队终于迎来 ATO 系统的终极大考。由中国铁路总公司组成的专家组在京沈高速铁路现场，对 ATO 系统进行试验测试。随着专家组成员下达出发指令，时速 350 公里高速列车自动驾驶试验正式拉开帷幕。

列车缓缓启动了，速度快速平稳地攀升，加速过程静悄悄的。此时的列控系统在自动驾驶设备的帮助下，似乎已经不再只是一个单纯的"智慧大脑"，而是像充满魔法一样，长出了"身子"和"手脚"，摇身一变成为一个经验丰富的司机，精准地驾驶着高速列车飞奔。

这年 6 月至 9 月，在 94 天的现场试验中，专家组累计考核行驶里程愈 18 万公里，ATO 系统设备运行稳定、控车精准，以零缺陷的高水平表现，顺利完成时速 350 公里高速列车自动驾驶全球首秀。

中国通号 C3+ATO 系统持续稳定运行，以近乎零缺陷的高水平顺利通过专家组数百项细致严苛的测试，以诸多优势获专家肯定。高速列车自动驾驶系统的研制、试验及试用，打通了整套系统装备从科研产品的研制到工程化、产业化成果转化的通道，为中国通号不断研制并推出新系统、新产品积累了经验、奠定了基础。

只需按一个启动按钮

专家告诉笔者，采用 ATO 系统以后，司机只要按一个启动按钮，就可以实现列车从车站自动发车、区间自动运行、运行时间按计划自动调整、到达车站精确停车、停车后自动开门等"一条龙"功能。

专家特别强调，ATO 系统所有运行都是在 ATP（列车超速防护系统）的监督下进行的，行车安全由 ATP 充分保证。ATO 系统可保证驾驶操作的一致性，能够消除司机水平不同带来的差异，准确地按照运行计划行车，有效地提高运输能力。

2019 年 1 月 2 日，时任中国铁路总公司总经理陆东福在中国铁路总公司工作会议上透露，目前时速 300-350 公里高速列车的自动驾驶技术在世界上尚属空白，中国铁路总公司正在合力组织攻关，该技术将在京张高速铁路首次得到应用。

同年 6 月 18 日，经国务院批准同意，中国铁路总公司改制成立中国国家铁路集团有限公司（以下简称国铁集团），在北京挂牌。"复兴号"智能动车组研制工作加紧全面推进。

"复兴号"智能动车组，是在原有中国标准动车组的基础上，研发和应用了 ATO 系统，以高速动车组自动驾驶为代表，开创了智能高铁新气象。ATO 系统继承了我国高速列车既有时速 350 公里列控系统

（CTCS-3）成熟的技术，借鉴了时速 200 公里自动驾驶技术（CTCS-2+ATO）的应用经验，根据高速列车的应用特点进行了 ATO 系统功能定制化开发和既有产品适应性修改。

在自动驾驶模式下，采用我国自主研发的北斗卫星导航系统，高速列车能够实现全过程自动驾驶，实现了列车平稳、舒适及绿色节能运行。司机不再直接实施驾驶，仅作为应急时的处理者，自动驾驶系统和司机成为双套保险，确保高铁安全高效运营。

实验数据表明，运用自动驾驶模式，智能动车组停车误差能够控制在 10 厘米以内，节电 15% 左右，列车准点率理论上达到 100%。

其工作流程是，地面调度中心制定好行车计划后，通过地面的数据传输网络把计划送到 ATO 系统的地面设备，地面设备再通过铁路移动通信网，把计划发送给动车组上的 ATO 系统车载设备。车载设备收到计划以后，根据动车组当前的位置，计算出控制动车组运行的控制速度曲线，代替司机自动控制动车组的运行、加速、减速、停车、开车门等。

专家介绍，ATO 系统有三个方面的实用价值：一是提高运输效率，保证驾驶操作的一致性，消除司机水平不同带来的差异，准确地按照运行图和规定时间计划行车；二是节省人力，司机只要按一个启动按钮，就可以实现列车从车站自动发车、在站间自动运行、运行时间按计划自动调整、到达车站精确停车、停车后自动开门等功能；三是作为高速列车智能化的重要标志，有利于保持中国列控技术的国际先进水平。

由此可见，我国运用智能化控制算法和控车策略，实现了对时速

350 公里高速列车的精准控制，全面提升了控车舒适度、停车精准度、节能降耗等性能指标，对减轻司机劳动强度、提高高速列车运营效率、改善旅客乘车体验都具有重要意义。

2021 年 4 月，国铁集团科信部在北京组织召开了"高速铁路 ATO 系统"技术评审会，由中国通号、中国铁道科学研究院集团有限公司、和利时等中国几大骨干列控企业自主研发的 ATO 系统，分别通过几项技术评审。

历时 4 年，经历了规范研究、方案评审、系统研发、安全认证、第三方室内测试、试验评审、京沈高速铁路现场试验、试用评审、京沈高速铁路载客试用考核等多个阶段，ATO 系统完成了成套技术装备研制，构建了基于多目标优化策略的高速列车控车算法与模型，全面提升了控车舒适度、停车精度、节能降耗等性能指标，具备大范围商用条件，成为高速列车装备智能化的重要标志之一。

 跨入 5G 网络时代

5G 走进高铁，让中国高速列车更加"美丽动人"。

专家说："新型北京冬奥版'复兴号'智能动车组，是依托京张智能动车组的运营经验和先进技术，优化了自动驾驶功能，实现 5G 信号全车覆盖。同时，该车在安全性能上进一步提升，5G 超视距功能可以探查车辆前方 14 公里内的车外情况。配合全车覆盖的 5G 无线网络，将为旅客提供更优质的语音通话和移动网络服务。"

近年来，随着科学技术的飞速进步，中国交通技术与移动通信技术大踏步进入高铁时代与 5G 时代。民众在高铁出行与 5G 网络中得到了全新的感受，那个让人闹心的加载圈，变成了眼下的一秒顺发。5G 与高铁的技术接轨，创造出全新的中国加速度。

5G 与高铁是当今最先进、最具代表性的两项技术，二者的"强强联手"具有重要的战略意义。加大 5G 通信网络、大数据、区块链、物联网等新型基础设施建设应用，丰富应用场景，延伸产业链条，构建先进、安全、高效的现代铁路信息基础设施体系，推动新一代信息技术与智能化、数字化高铁深度融合，为中国创造全球 5G 高铁标杆夯实了坚实的基础。

充分利用北斗卫星导航技术、5G 通信技术构筑起的天地一体化的新型智能列控系统，与传统列控技术相比，新型智能列控系统实现了轨旁电子设备从多到少、从有到无的转变，成就了里程碑式的技术创新。列车精确定位、多元融合测速、列车完整性检查、移动闭塞等多项关键技术难题，迎刃而解。

采用移动闭塞替代传统铁路的固定闭塞，两辆动车组列车可以在紧紧追踪的情况下安全运行，列车追踪间隔由目前的最短 3 分钟缩至 2 分钟左右，提高线路运输能力 30% 以上。通过采用北斗定位替代传统的轨道电路，利用 5G 技术实现列车与列车间的直接通信，定位更准，安全保障更强。

自 2015 年开始，广东省政府和中国铁路总公司连续两年进行 EUHT（超高速无线通信技术系统）技术合作，旨在共同突破高速列车无线通信核心技术。2016 年 5 月，双方确定在京津城际铁路线建设 EUHT 网络工程，开展产业级测试和应用，2017 年 1 月全线建成贯通。

2017 年 8 月 4 日，该项技术首次在京津城际铁路线上进行了演示，高速列车超高速无线通信达到 5G 指标。乘客通过手机连接到指定 Wi-Fi，稳定、流畅地上网和观看视频，实际体验与家中 Wi-Fi 基本没区别，就此解决了乘客长期抱怨的车上信号不好的问题。

EUHT 是中国自主研发的全球首个能够解决"移动宽带一体化"的通信技术系统，由具备完全自主知识产权的核心芯片和整套技术应用标准组成。与现有主流通信技术对高速传输与宽带互联难以兼顾且响应慢、不稳定、耗费流量多的情况相比，EUHT 同时具备了"三高三低"的优势特性，即"高速度、高带宽、高稳定性，低延时、低成本、低功耗"，并为权威机构的测试所证明。

EUHT 智能高铁方案是列车在时速 300-500 公里的移动速度下，全球首个具备高可靠、低时延、超宽带、大容量和精确定位能力的 500Mbps 车地无线通信系统，实现了列车移动互联网接入服务、列车实时高清视频监控、CTCS 控制信息传输、列车运行综合状态监控等多项功能。

EUHT 技术的原始创新突破，不仅解决了旅客上网这类公众通信问题，更重要的是突破了高速列车车地通信瓶颈，实现大量车路传感器物联网传输、调度信息传输、控制信息传输、监测信息传输等，全面支持高速列车提速，助力中国进入智慧高铁时代。

将 EUHT 应用于高铁沿线，意味着即使是在时速 300 公里以上的高速列车上，也可以通过无线通信获得非常流畅的实时视频。用最通俗的话说，EUHT 就如同是给高速列车连接了一根超宽带的光纤，通过车地的空中传输，实现超宽带无线通信。

测试结果表明，EUHT 各项技术性能指标达到全球领先水平。在高速列车全程 300 公里的时速下，通信切换可靠性达 100%，平均通信延时 5ms，空口时延小于 1ms，平均传输带宽达 150Mbps。这些技术指标超过了目前 4G 移动通信技术的 10 倍以上，并达到下一代 5G 技术提出的性能指标挑战要求。

据了解，目前高速列车上所用的超高速无线通信，并不是平时说的 Wi-Fi 技术，而是通过车地的空中传输，实现宽带无线传输。EUHT 让乘客在高速列车上的上网体验有了很大改变，并对列车调度、运行安全保障都有重大意义。另外，支持该技术的芯片为自主研发，除了成本更低以外，还可以根据不同的应用项目进行相应的修改，具有很大的灵活性。

EUHT 智能交通车地、车车通信国家标准，以及 EUHT 用于地铁车厢视频监控行业标准等，已引起了美国、欧洲、日本等国家的持续关注。EUHT 的全面应用，将使中国不仅拥有全球最大的高速铁路线物理网络，也拥有一张全球最领先的高速铁路信息虚拟网络。

2020年春运期间，广东移动联合中国铁路广州局集团有限公司、华为公司共同实施的广深港高铁5G覆盖工程，实现了高速铁路段全线5G覆盖，将打造全国乃至全球第一条"5G＋智慧高铁"。据悉，现已在广深港高速铁路沿线部署超过300个5G信号发射点。

中国铁塔股份有限公司（以下简称"中国铁塔"）发挥移动通信基础设施建设运营"国家队"作用，在国铁集团支持下，统筹中国电信、中国移动、中国联通的网络覆盖需求，实现京张高速铁路移动通信基础设施与主体工程"同步规划、同步设计、同步施工"，经济高效地完成了移动通信基础设施建设。

中国铁塔在高速铁路沿线两侧以450~550米为间距，规划建设宏基站站址，形成"之"字形站址布局，达到了良好覆盖效果。隧道内不能立塔建基站，中国铁塔就在隧道内创新采用漏泄电缆的方式解决，通过多系统接入平台（POI）将三家运营商不同制式的信号合成一路，接入漏泄电缆。挂在隧道壁正对车窗位置的漏泄电缆，可向通过列车均匀稳定发射信号。在隧道口建设场坪站，可实现隧道内外信号无缝切换，确保高速列车进出隧道时我们的手机不掉话、视频不卡顿。

针对电信联通5G工作频段高信号衰减大的问题，中国铁塔联合产业链创新研发了5/4英寸低损耗漏泄电缆，采用分段耦合技术着重优化5G高频段辐射性能，让5G信号传输更加均匀、损耗更低、覆盖距离更远，实现全线2G到5G网络全覆盖。

如今，踏上京张、京雄高速铁路的旅程，无论在列车上还是在车站候车大厅，旅客均能享受到便捷的智慧化服务和畅快的移动互联体验。"5G+智慧高铁"极大地方便了旅客出行，"无票"乘车、一键点餐、稳定 Wi-Fi、智能空调系统打造的"智能"高铁，让旅客的旅途更加舒适、舒心。

智能化与人性化

智能动车组所彰显的就是智能化与人性化，意味着不需要通过人为的方式去操作，在列车运行期间，人就是起监督作用。与此同时，旅客能享受到最舒心的服务。

专家认为，实现时速 350 公里的高速列车自动驾驶技术，不仅是高速列车在列控系统之上的重大突破，也是智能动车组的标志。

"龙凤呈祥""瑞雪迎春"两款智能化动车组，都实现了时速 350 公里的自动驾驶，提高了列车运行的正点率和旅客乘坐舒适度，减轻了司机劳动强度。列车采用了特殊的防寒措施，能够适应零下 40℃ 的高寒运营环境。

"复兴号"智能动车组具有优越的空气动力学性能，是科技人员智慧与众创设计灵感的完美结合。鹰隼形和旗鱼形的仿生设计，让列车空气动力学性能大幅提升，运行更加卓越、更加节能。相比上一代动车组，它的阻力降低了 7.9%，综合能耗降低 10% 以上。也就是说，

高速列车在隧道内外信号无缝切换, 确保高速列车进出隧道时我们的手机不掉话, 视频不卡顿

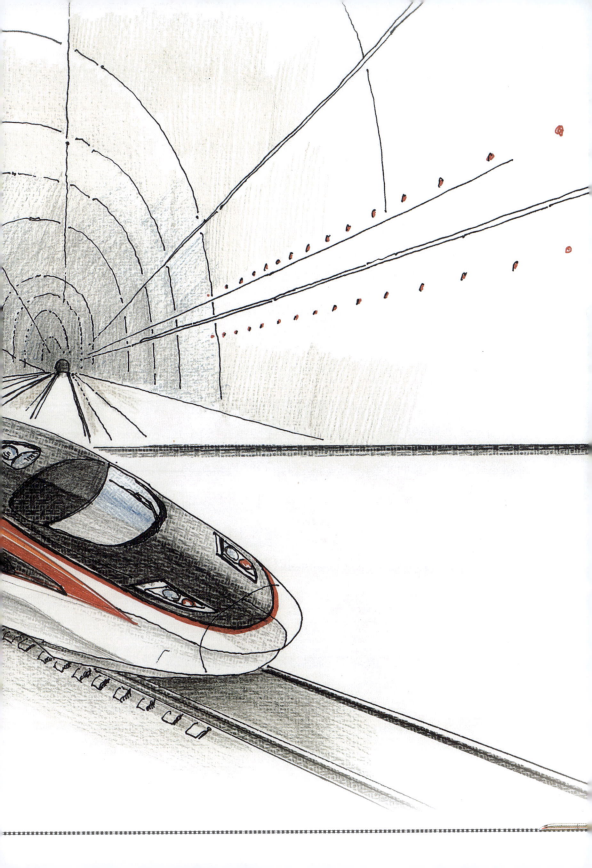

一列北京冬奥版"复兴号"智能动力组一年运行下来,可节省180万度电。全车采用轻量化设计,与上一代车相比整列车的重量减轻了20吨左右,内装全部采用环保可降解材料,可降解率能够达到50%以上,可回收率达到了75%以上。

列车搭载的"智慧大脑",实现了智能化运营维护。列车部署了大量传感器,构建了车载故障预测及健康管理系统,能够帮助乘务人员提前发现和防范故障。全列车共设置2700多个监测点,可以对全列车的温度、振动、火警等进行监测,通过大数据、云计算等构建起一个车、空、地立体化的智能运维体系。智能运维体系不仅能够实时监测车辆各系统状态,还可以通过构建"车-地"一体的大数据分析平台,实现列车故障预警预判、数据汇总存储和健康状态评估,仿佛带着"随车医生",可以实时诊断列车的状态。同时列车为随车机械师研发了手持移动终端设备,通过局域网使相关工作人员实时获取列车网络数据,提升日常巡检和应急处置效率,为旅客出行保驾护航。

列车监控室实现多屏合一,可同时监测多项列车数据。通过列车网络和车厢视频的联动功能,当发生烟火、超员、旅客触发紧急按钮、车门异常等报警时,工作人员可通过车厢视频联动报警快速确认和处置故障,对故障信息提前预警预判,降低隐患,还提高了列车途中故障处置的效率。

尤其值得称赞的是,"复兴号"智能动车组服务将更加人性化。列车空调机组采用变频技术,即加装了由主机作为"大脑"的变频器,可

"CR400AF-Z型"智能动车组

　　我是"CR400AF-Z型"智能动车组，于2021年6月正式与大家见面。我采用4动4拖编组，最高运营时速可达350公里。我的"智能"体现在以下几个方面：列车采用了以太网控车、车载安全监测等9项智能运控系统，在世界上首次实现了时速350公里的自动驾驶功能；全列空调采用智能温度调节系统，可自动将车内温度控制在舒适范围；车厢顶部设置29寸宽屏，可分屏显示列车运行状态和视频节目信息等。

以检测室温等信号，并据此精确控制制冷剂的排放，在保持室温恒定的同时，合理利用能源，使旅客体感更舒适。"复兴号"智能动车组还增设了静音车厢，对餐车进行升级，在餐车吧台旁增设了一台自动售货机，旅客可以使用微信或支付宝扫码，在小程序上自主下单购买零食。

"复兴号"智能动车组不仅实现了"充电自由"，还实现了 5G 信号全覆盖。旅客注册后连接列车 Wi-Fi，便可获得更好的网络服务。座椅靠背上增加了 USB 充电接口，小桌板上增加了手机卡槽，方便旅客充电和使用手机。列车配备了支持手机投屏功能的智能交互终端，可为旅客提供更加丰富的网络端电视直播、影视音乐、新闻资讯等信息服务。服务设施上增加了盲文标识，更好地服务残疾人旅客出行。卫生间设置智能照明，当检测到有人进入后，可自动调整灯光亮度，并增加"禁止吸烟"语音提示。

商务舱座椅采用包厢式设计，形成"一人一舱"的私密空间，提升乘车时的静谧感。基于人机工程学原理，列车提升了整车座椅的舒适度。商务舱座椅具备坐姿、半躺、平躺三种姿态的自动调节和一键复位功能。此外，为方便特殊旅客乘车，列车设置无障碍车厢，配备更宽阔的通过门、无障碍卫生间、轮椅放置区等，并在多个服务设施处设置 25 种盲文标识，具有旅客引导、车内布置、功能按钮、座位号等提示功能，显示人文关怀。

步入智能动车组车厢内，处处呈现出安静、温馨、舒心的画面，令人心旷神怡。